無—우학
설법대전

(5)

無一 우학
說法大典
(5)

설법대전을 내면서

나무 불법승(佛法僧)

먼저, 이 책을 인연하시는 모든 분들의 행복을 기도 축원드립니다.

저는 요즘 무문관 정진 중입니다만, 일주일에 한 번씩 유튜브를 통해 생활법문을 녹화하고 있습니다. 전대미문의 코로나 팬데믹(pandemic)으로 불교대학의 정규 강의와 정기 법회가 중단된 상태에서 궁여지책으로 생각한 것이 유튜브불교대학 운영이었습니다. 다행히 부처님 가피로, 애초 5천 명의 구독자로 출발하였으나, 만 2년이 되지 않아서 10만 명의 구독자를 확보함으로써 유튜브를 통해서나마 국내외 불자(佛子)님들과 소통할 수 있게 되었습니다.

저는 1992년 전세 포교당에서 한국불교대학 大관음사를 열면서 창건 이념과 3대 지표를 세웠습니다. 그 창건 이념은 "바른 깨달음의 성취와 온 세상의 정토 구현"입니다. 그리고 사찰의 3대 지표는 "근본 불교, 세계 불교, 첨단 불교"입니다. 그런데 이 창건 이념과 3대 지표가 유튜브라는 매체를 통하여 구현할 수 있게 되었으니, 코로나로 인해 대면 포교가 어려워진 상황 속에서도 크게 다행스러운 일이 아닌가 생각합니다. 참으로 전화위복입니다.

제가 본격적으로 '유튜브 생활법문'을 준비하고 점검하면서 크게 놀란 것은 시청자 연령대의 70%가 50세 이상이라는 사실입니다. 그래서 젊은 불자를 염두에 두고 전법(轉法)의 빛깔과 방향에서 고민을 하기도 하였습니다. 이 책을 인연하시는 분들께서는 그러한 점들을 유심히 살펴주시길 바랍니다.

지금은 바야흐로 유튜브라는 매체를 무시하고는 불교 포교가 어려운 시절에 살고 있습니다. 유튜브불교대학 생활법문을 하면서 저는 '법문의 현대화'를 잊지 않고 있습니다.

좋은 법문은 진리적인 것을 설하여, 이를 체험케 하는 것입니다. 그 진리적이라는 것이 현실적이라야 합니다. 그렇지 않으면 허공에 구름 잡는 얘기가 되고 맙니다. 더 나아가 현실적인 것은 생활적이 되어야 합니다. 그래서 제 법문의 특징은 생활 속에서 응용되고, 생활 속에서 행복을 찾도록 가르칩니다. 어쨌든, 제 법문의 의도가 어느 정도는 시청자들에게 먹히는 것 같아 다행스럽게 생각합니다.

독자 여러분, 그리고 유튜브불교대학 시청자 여러분! 우리 불교 인구가 많이 줄고 있습니다. 불교 포교의 큰 대안 중 하나가 유튜브를 통한 포교입니다. 제가 늘 말씀드리듯이 100만 구독자가 생기면, 미국 뉴욕의 맨해튼에 한국인이 세우는 최초의 '한국명상센터'가 들어설 것이라고 확신합니다. 이 책이 그런 면에서 크게 도움이 되기를 바라 마지않습니다.

이 유튜브를 통한 생활법문은 제 수행의 일부라고 생각하고 언제까지라도 해 나갈 것입니다. 그리하여 그때그때 정리한 원고를 모아 '無一우학 설법대전' 시리즈로 출간하겠습니다. 우리 독자 및 시청자들께서는 시리즈 전권을 소장하는 재미를 붙여 보시길 바랍니다. 아마 수년 내에 200, 300권이 될 것입니다.

불교를 진정으로 아껴 주시는 불자 여러분!

'無一우학 설법대전'이 불교 가정 가정마다 놓여질 수 있도록 관심 부탁드립니다. 주위에 많이 알려 주시고 법보시(法布施) 해 주시면 감사하겠습니다.

다른 기회에 또 뵙도록 하겠습니다.

관세음보살

무일선원 무문관에서
無一 우학 합장

설법대전(5) 목차

66
108 숫자의 신비 / 15

67
불교를 믿으면 건강해진다 / 25

68
등공양은 성불과 복덕의 씨앗 / 35

69
만(卍) 자의 비밀 / 45

70
이미 환생했다면 제사가 무슨 소용? / 53

71
불자가 반려동물을 길러도 되나? ※ / 65

72
반려동물이 죽으면 어떻게 해야 하나요? ※ / 77

73
동성애에 대한 불교적 입장 / 89

74
승복은 왜 회색일까? / 99

75
끈질긴 악연을 끊는 법 / 107

76
극락은 실재한다 / 117

77
극락세계에 태어나려면 / 127

78
영혼결혼식은 정신없는 짓이다 / 139

79
예수재란 무엇인가? / 149

80
옴 마니 반메 훔이란? / 157

81
치매의 불교적 예방 / 165

82
약방의 감초
반야심경 260자 안에 다 있다 / 177

83
반야심경의 법력 / 185

84
염주의 신통 / 195

85
불교는 몇 살인가? / 205

86
절의 단청 이유 / 213

無一우학
說法大典

66
108 숫자의 신비

2020. 05. 05. 세계명상센터 보은전

 관세음보살. 유튜브불교대학 시청자 여러분, 반갑습니다.

'유튜브불교대학을 통해서 세상을 불국토화 하자'라는 발원을 하면서 유튜브를 시작했는데, 두세 달 만에 2만 구독자가 생겼습니다. 이것은 기적 같은 일이자 불가사의한 일입니다. '유튜브불교대학을 시청하며 공부하고 있는 우리 불자들의 포교 능력이 이렇게 발동된 게 아닌가?' 하고 생각하며, 아주 감사하게 생각하고 있습니다.

오늘은 우리가 흔히 쓰는 '108'이라는 숫자에 대한 얘기를 좀 하려고 합니다. 우리 불교에서는 108이라는 숫자를 많이 씁니다. 그렇다 보니 108은 '백팔' 그 말만 듣기만 해도 아주 신비롭습니다. 108배, 108참회, 108찬탄, 108모임, 108구제, 108원력 등 108만 붙이면 다 신비로워지고, 다 좋아집니다.

이처럼 불자들은 108이라는 숫자를 많이 쓰고 좋아하는데, 그렇다면 어떻게 하여 이 108이라고 하는 숫자 개념이 생겨나게 되었는지, 그것을 살펴보지 않을 수가 없습니다. 또 108이라는 숫자를 쓰면서도 구체적으로 왜 108인지를 잘 아는 이는 많지 않은 게 사실입니다. 이에 대해 오늘 간단하게 말씀을 드릴 테니까, 불자님들은 이것만큼은 꼭 알아야겠습니다.

우리의 인식 기관은 눈·귀·코·혀·몸·생각, 이렇게 여섯 가지입니다. 이를 반야심경(般若心經) '안(眼)·이(耳)·비(鼻)·설(舌)·신(身)·의(意)' 이렇게 말합니다. 안·이·비·설·신·의는 각각 여섯 개의 감각, 즉 여섯 개의 감정을 만들어 냅니다. 즉, 눈이 여섯 개의 감각을 만들고, 귀가 여섯 개의 감각을 만듭니다. 여섯 개의 감각기관에 각각 여섯 가지 감정이니, 6 곱하기 6을 해서 36입니다.

또 이 36에 대해 시간, 즉 과거·현재·미래가 서로 교차해서 들어옵니다. '여섯 개의 감각기관에서 일어나는 여섯 가지 감정에 대해 과거, 현재, 미래가 서로 연관 지으면서 들어온다' 이 말입니다. 따라서 36 곱하기 3을 하여 108이 되는 것입니다.

이렇게 해서 108이라 하는데, 이에 대해 좀 더 구체적으로 말씀드리겠습니다.

우리가 눈으로 어떤 사물을 보게 되면 '좋다', '나쁘다', '그저 그렇다' 이런 생각을 내게 됩니다. 이를 한자로 말하면 '호(好)', '악(惡)', '평(平)', 즉 '좋다(好), 나쁘다(惡), 그저 그렇다(平)' 입니다.

그런데 우리는 좋은 것(好)은 계속 좋게 유지하고 싶어 합니다. 즉, 좋은 것을 보면 '좋은 것을 계속 누려야지' 하는 그런 감정을 이중으로 일으킵니다. 그것을 '즐거울 락(樂)' 자를 써서 '락수(樂受)' 라 합니다.

또 악(惡), 나쁜 것에 대해서는 '이것은 다시는 만나지 않아야지', '이것은 정말 싫다', '싫은 이것은 내다 버려야지' 와 같은 그런 감정을 또 일으키게 됩니다. 그것을 '고수(苦受)' 라 합니다. 고수, 나쁜 것에 대해서 싫다는 느낌을 계속 만들어 내는 것입니다.

그리고 평(平), '그저 그렇다' 라고 하는 것은 '그냥 그렇게 계속 내버려 두자' 라는 감정을 일으킵니다. 그래서 그것을 '불고불락수(不苦不樂受)' 라고 말합니다.

따라서 우리가 안(眼), 즉 눈으로 보는 그 자체에서

이미 '좋다, 나쁘다, 그냥 그렇다'라는 감정이 생기니, 세 가지의 감정이 생겼습니다. 이 세 가지 감정에 대해 각각 '좋은 것'에 대해선 계속 끌고 가려고 하는 생각, 즉 락수. '나쁜 것'에 대해선 '보기 싫다'고 하여 버리려는 생각, 즉 고수. '그저 그런 것'에 대해선 그냥 내버려 두는 생각, 즉 불고불락수. 그러한 생각들을 각각 연달아 일으킵니다. 그렇게 해서 결국에는 총 여섯 개의 감정을 만들어 내는 것입니다.

그런데 이러한 감정을 눈에서만 일으키는 것이 아니라는 것입니다. 눈이 일으키는 감정, 생각이 여섯 개, 귀가 일으키는 감정, 생각이 여섯 개, 코가 일으키는 감정, 생각이 여섯 개 등 우리의 육근, 여섯 개의 인식 기관이 각각 여섯 개의 감정, 생각을 만들어 낸다는 것입니다.

따라서 우리가 만들어 내는 감정, 생각은 6 곱하기 6을 해서 36입니다. 이 36개의 감정들이 과거, 현재, 미래에 겹쳐서 들어오기 때문에 36 곱하기 3을 해서 108입니다. 이해가 좀 되시나요?

이처럼 우리는 108이라고 하는 감정을 드러내게 되는

데, 이것을 '중생이 일으키는 생각', '번뇌'라고 말합니다. 그래서 '108번뇌'라고 말하는 것입니다. 그러므로 108참회하는 것은 '108죄업을 없애고, 108번뇌를 없애는 것이다'라고 보면 됩니다.

그런데 여기서 또 아주 중요하게 생각해야 할 것이 있습니다. 중생이 부리는 마음, 중생이 일으키는 마음은 번뇌이지만, 불보살님이 일으키는 마음은 '지혜'가 됩니다. 그러므로 우리는 공부를 많이 해서 '지혜'를 쓸 일이지, '번뇌'를 써서는 안 된다 이 말입니다. 우리가 지혜롭게 마음을 잘 써서 108배를 한다면, 그것은 108참회의 절이 아니라 108찬탄의 절이 되고, 108자비의 절이 되고, 108원력의 절이 되는 것입니다.

다시 정리하여 말씀드리겠습니다.

108이란 우리가 낼 수 있는 모든 생각을 다 모아서 총칭해서 말할 때 쓰는 개념입니다. 108은 때로는 번뇌로 발동하기도 하고, 때로는 지혜로 발동되기도 합니다.

우리는 모두 공부 중인 예비 보살, 예비 부처들이므로 이 108에 맞추어서 절을 하고 구제 원력을 세운다면,

부처님 세계에 가는 데 훨씬 더 큰 도움이 되겠습니다. 다시 말해 우리가 108의 숫자대로 수행을 한다면, 훨씬 더 많은 이익을 얻을 수가 있습니다. 즉, 우리의 모든 생각과 감정을 총칭하는 이 108을 우리가 지혜롭게 쓴다면 번뇌라 하지 않고, '108지혜' 이렇게 쓸 수가 있다는 것입니다.

  우리가 108을 잘 쓰면 아주 신비로워집니다. 이 108 신비를 경험하려면, 무슨 일이든지 간에 다 내 몸과 마음을 완전히 몰입해서 해야 합니다. 108배를 할 때는 물론이고, 108이라는 말이 들어가는 어떠한 행위를 할 때, 또 마음을 먹을 때, 정성을 다해 온 마음으로 하면 108의 신비를 다 체험하고 경험하게 될 것입니다. 일을 할 때도 '108에 맞추겠다' 이렇게 하면, 108에 맞추는 그 자체로 이미 좋은 일을 하는 거니까, 108신비가 따라붙습니다. 예를 들어, 절을 할 때 그냥 대충 할 것이 아니라 108에 맞추어 보고, 관세음보살을 쓸 때도 108에 한번 맞추어 보세요. 또 포교를 할 때도 '108을 한번 맞춰 봐야겠다' 그렇게 해 보십시오. 하물며 우리가 몸에 늘 지니고 다니는 염주도 108개로 되어 있잖습니까.

아무튼, 불교에서 108은 번뇌이기도 하지만, 신비한 힘을 주는 지혜도 된다는 사실을 다시금 강조 드립니다. 우리는 모두 대승 보살들이니까 늘 긍정적인 마음으로 108의 신비를 다 체험해 보시는 불자들이 되셨으면 좋겠습니다.

내일 다시 뵙겠습니다.
관세음보살

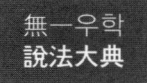

67
불교를 믿으면 건강해진다.

2020. 05. 06. 세계명상센터 보은전

관세음보살. 유튜브불교대학 시청자 여러분, 반갑습니다. 오늘은 '불교를 믿으면 건강해진다', 즉 '불교적 건강 비결'에 대해서 말씀을 드리겠습니다.

우리는 건강하게 살아야 합니다. 그러기 위해서는 '네 가지 힘'이 꼭 있어야 합니다. 그 네 가지 힘은 첫째 체력(體力)이요, 둘째는 자제력(自制力)이요, 셋째는 심력(心力)이요, 넷째는 뇌력(腦力)입니다. 지금부터 하나씩 구체적으로 말씀드리겠습니다.

첫째 체력이라 했습니다.

흔히 '몸에 힘이 있어야 건강하다'라고 말합니다. 그러기 위해서 우리는 운동을 생활화해야 합니다. 늘 몸을 움직여야 하는데, 그것이 잘 안되면 '숨쉬기 운동'이라도 열심히 하십시오. 불교에는 '호흡관', '수식관(數息觀)'이라는 것이 있습니다. '들숨과 날숨을 늘 고르게 잘 관(觀) 하라' 하는 이런 수행인데요. 배가 불룩하게 불러지면 들숨, 배가 잦아지면 날숨입니다. 들숨에 '관세음', 날숨에 '보살' 이렇게 하면서, 이 들숨과 날숨을 잘 관하면 건강해집니다. 호흡을 잘하면 건강해진다는 말입니다. 호흡 훈련이 잘 되어서 들숨에 '관세음', 날숨에 '보살', '관세음' '보살', '관세음' '보살' 이렇게 하다 보면, 몸의 균형이 맞아져서 아주 건강해집니다.

그리고 또 체력을 기르기 위해서는 많이 걸어야 합니다. 적어도 하루에 3, 40분 몸살이 안 날 정도로 걸으시면 됩니다. 걸으실 때는 염주 하나 가지고 걸으십시오. 그러면 명상도 되고 아주 건강해집니다.

마지막으로 체력을 기르기 위해서는 근력 운동을 적당히 하시는 것이 좋습니다. 절을 하다 보면 허벅지, 즉 하체가 매우 발달합니다. 하체 근육이 생깁니다. 절에 와서 절하고, 집에서 시간이 날 때마다 절을 하게 되면 건강해지지 않을 수 없습니다. 불교 안에는 건강해질 수밖에 없는 수행 프로그램이 참으로 많은데, 그중 하나가 절하는 것입니다.

이렇게 불교적 체력 단련법으로 호흡관 잘 하시고, 염주 들고서 걷기 운동도 하시고, 거기에 근력 운동으로 절까지 하시면 건강하게 살 수 있습니다.

건강하게 살기 위해 필요한 힘, 둘째는 자제력입니다.

우리가 건강하려면 자제력이 있어야 합니다. 불교에서는 언제나 수행을 강조하고, 계율을 지키려고 애를 쓰고, 또 마음공부를 하다 보면 정진력이 생겨서 저절로 자제력이 생깁니다.

금강경(金剛經)에 보면, '항복기심(降伏其心)'이라는 말씀이 나옵니다. '그 마음을 항복받아라' 라는 뜻이지요. 그래서 내가 욕심이 생길 때는 '항복기심 해야지' 하는 마음으로 끝내야 합니다. 예를 들어 밥을 먹을 때, 처음에는 반만 먹으려 하였으나 먹다 보니 반찬도 좋고 해서 한 그릇을 다 먹고 싶을 때가 있을 것입니다. 그럴 때 '이러면 안 되지, 반만 먹기로 했으니 반만 먹어야지' 하고, 거기서 숟가락을 딱 놓을 수 있어야 합니다. 그것이 바로 항복기심 하는 것입니다.

이렇듯 자제력이 있어야 합니다. 너무 많이 드시면 건강에 안 좋습니다. 몸이 상하지 않을 만큼, 그쯤까지만 드시면 돼요. 너무 살이 쪄도 안 좋지 않겠습니까? 우리는 먹을 때 자제력을 발휘해야 합니다. 금강경에 나오는 딱 네 글자 항복기심, 그 마음을 항복받아야 합니다. 이 넉 자만 딱 마음에 새기고 실천하더라도 얼마든지 건강할 수 있습니다. 자제력이 생겨서 건강해집니다. 술, 담배, 마약 등 이러한 것들은 자제력으로 다 극복할 수 있습니다.

아무튼 우리는 먹을 때 자제력을 발휘해야 하고, 탐심(貪心), 진심(瞋心), 치심(癡心)이 일어날 때도 자제력을 발휘해야 합니다. 내 주인공이 튼튼하면 저절로 자제력이 발동됩니다. 그러기 위해서 늘 마음공부를 할 수밖에 없는 것이지요. 만약 본인이 생각했을 때 '이건 나쁜 짓이다' 싶으면 '이것은 나쁜 짓이니, 하면 안 되지' 하고 내 주인공이 자제력을 발휘해야 합니다. 그래야 건강합니다. 건강이라 하면 흔히 육체적 건강을 생각하지만 우리 몸과 마음의 밸런스가 잘 맞추어진 건강도 있습니다. 어쨌든지 자제력을 잘 발휘해야만 온몸과 온 마음이 건강해집니다.

건강하게 살기 위해 필요한 힘, 셋째는 심력(心力)입

니다.

 우리는 마음의 힘을 튼튼히 해야 합니다. 대승(大乘), 소승(小乘)이라는 말을 하는데, 우리가 마음을 쓸 때 대승(大乘)적으로 써야 건강합니다. 대승적 마음의 힘은 건강에 대단히 중요합니다. 대승적 마음이라는 것은 마음을 긍정적으로, 적극적으로 쓰는 것을 말합니다. 소승은 자기 위주로 생각하고, 까다롭게 처신하고, 소아적이면서 전체를 생각할 줄 모르는 것을 말합니다.

 그런데 불교는 늘 대승(大乘)을 말합니다. 대승의 마음만 가지면 그 성격이 유연해지고 융통성이 있어지고 포용력이 있어집니다. 그리하면 저절로 건강해질 수밖에 없는 것입니다. 그래서 심력은 긍정적 마음을 갖는 것, 즉 대승의 마음 중에서도 긍정적인 마음을 갖는 것이 핵심입니다. 그렇게 하면 나에게 있는 부정적 에너지는 다 물러가고, 늘 건강할 수 있습니다. 설령 조금 건강치 못하더라도 마음을 밝게 쓰다 보면 이내 건강해질 것입니다.

 그래서 심력(心力)을 잘 발동해야 합니다. 심력 발동

은 대승심에 있고, 대승심의 가장 요체가 바로 늘 긍정하는 마음을 갖는 것입니다. 그리하면 몸과 마음이 다 건강해집니다.

우리가 건강하게 살기 위해 가져야 하는 힘, 넷째는 뇌력(腦力)입니다.

건강하게 살기 위해서는 뇌의 힘을 크게 키워야 합니다. 그리고 뇌력을 키우려면 명상을 해야 합니다. 명상을 통해 뇌를 자꾸 쉬게 해야 합니다. 뇌를 자꾸 골치 아프게 하면 건강할 수 없어요. 스트레스로부터 뇌를 피곤하지 않게 해 주어야 합니다. 뇌를 피곤하지 않게 하고, 뇌를 쉬게 한다는 것은 뇌를 아주 깨끗하게 한다, 소제(掃除) 한다는 말과 통하는 말입니다.

뇌는 아주 중요합니다. 그리고 뇌는 아주 신성합니다. 그 신성한 뇌를 자꾸 깨끗하게 소제하고, 피곤하지 않도록 쉬게 해 주어야 합니다. 그러기 위해서 명상을 해야 한다는 것입니다. 이 명상이 바로 뇌의 힘을 키우는 것입니다.

명상이라 하면 참선하는 것도 명상이요, 기도하는 것

도 명상이요, 사경하는 것도 명상이요, 온갖 것이 다 명상입니다. 그 가운데서도 가장 기본은 부처님 명호를 외우는 것입니다. 관세음보살을 외우는 것은 늘 기본으로 꼭 하셔야 하고, 거기에 덧붙여서 자기 정서에 맞는 명상을 꼭 하시길 권해 드립니다.

그리고 참고적으로 말씀드리겠습니다. 참선(參禪)에는 화두를 들고 하는 간화선(看話禪), 관(觀) 하는 비빠사나, 몰입 수행하는 사마타 수행, 그리고 제가 늘 말하는 선관쌍수(禪觀雙修)가 있습니다. 어느 방법을 택하시든지 참선 수행을 하시면 아주 좋습니다.

어떤 수행이든지 간에 늘 명상을 하면 뇌의 힘이 아주 강해집니다. 그러면 인생 전체가 강해집니다. 그러니 우리 불자들은 명상을 생활화하시길 바랍니다.

제가 네 가지 힘을 말씀드렸습니다. 체력, 자제력, 심력, 뇌력, 건강하기 위해서는 이 네 가지의 힘이 바탕이 돼야 하는데, 사실 이 네 가지 힘은 모두 하나에 붙어 있습니다. 모두 연관되어 있으므로 같이 하는 것이 좋습니다. 연기(緣起)적 관계에 있는 이 네 가지 힘을 잘 관리하고 잘 발동하면 아주 건강하게 살 수 있습니다.

불교적 수행 안에 이미 다 있으므로, 불자는 달리 건강 비결을 찾지 않아도 됩니다. 현재 하고 있는 수행과 명상, 이미 하고 있는 모든 불교적 생활만 잘해도 저절로 건강해집니다. 그래서 제가 서두에 '불교를 믿으면 건강해진다' 이렇게 단도직입적으로 말씀을 드린 것입니다.

불교적 생활 속에서 늘 건강하시기 바랍니다.

내일 다시 뵙겠습니다.
관세음보살

無一우학
說法大典

68
등공양은 성불과 복덕의 씨앗

2020. 05. 07. 세계명상센터 보은전

 관세음보살. 유튜브불교대학 시청자 여러분, 반갑습니다.

불국토 건설은 불자인 우리 스스로 할 수밖에 없습니다. 그리고 이 유튜브가 세상을 불국토로 하는 데 조금이나마 힘이 되지 않을까 생각합니다. 유튜브불교대학의 학생으로서 자부심을 갖고 우리 모두 열심히 하자는 독려의 말씀을 드립니다.

오늘은 초파일도 다가오고 해서 '초파일의 등공양'에 대해서 말씀을 드리려고 합니다. 등공양은 성불과 복덕의 씨앗을 심는 일이 됩니다. 그래서 불자님들께서 다니시는 절에 정성껏 등공양 하나 올리시는 것은 자기 자신과 자신의 가족을 위해서 아주 좋은 일이라고 생각합니다. 저 또한 절에 살지만 큰 등을 두세 개 켭니다. 주로 조상 영가와 우리 불자들을 위해서 등을 밝히고 있습니다.

올해는 코로나 사태 때문에 초파일 행사가 한 달 늦추어졌습니다. 그러다 보니 지금도 각 절에서는 아직도 등을 많이 접수하고 있습니다. 지금도 연등을 다시려고 절에 오시는 분들이 많다고 얘기를 들었습니다. 그래서 오늘은 특별히 연등공양의 의미에 대해 말씀드리려 합니다. 특히, '등공양은 성불과 복덕의 씨앗이 된다' 라는 주제를 가지고 말씀을 드리겠습니다.

첫째, 등공양(燈供養)은 공덕(功德)의 등입니다.

부처님 당시 '미수타' 라는 가난한 여인이 있었습니다. 이 여인도 비록 가난했지만 부처님께 등공양을 올리고 싶어서 기름을 사기 위해 온 데를 돌아다녔습니다. 예나 지금이나 기름 구하기가 참으로 힘들었던 모양입니다. 찢어지게 가난했던 그녀는 간신히 구한 동전 한 닢으로 기름집에 가서 아주 조금의 기름을 얻어서는 기원정사에 갔습니다. 날이 어두워지고 불이 켜진 기원정사는 아주 휘황찬란했습니다. 아주 많은 사람이 각양각색의 등불을 밝히고, 자기 소원을 발원하고 있었기 때문입니다. 그 가운데서 미수타도 작은 사금파리에 심지 하나를 놓고 불을 켰습니다.

드디어 새벽이 되었어요. 새벽이 되면 신통 제일인 목련존자가 밤새 켜져 있던 등불을 끄러 다니셨습니다.

그런데 희한하게도 자그마한 사금파리에 켜진 등불이 아무리 해도 꺼지지 않는 것이었습니다. 이리저리 손을 저으며 꺼보려 하는데도 꺼지지 않았습니다. 그때 부처님께서 오셔서 말씀하셨습니다.

"목련존자여, 그 등불은 꺼지지 않을 것이다. 가난한 여인이 정성을 다해 밝힌 이 등은 공덕의 씨앗이 되어서 후일 그녀는 성불하게 될 것이니, 어찌 작은 등이라 하겠는가! 그 여인이 성불할 때 그 이름은 수미등광불(須彌燈光佛)이니라."

이처럼 부처님 전에 올리는 등공양은 오는 미래 세상에 우리 또한 부처님이 될 수 있게 하는 좋은 씨앗이 될 것입니다. 성불의 씨앗이 될 것입니다.

둘째, 등공양은 복덕(福德)의 등입니다.

우리가 살아감에 있어 복(福)도 있어야 하고, 덕(德)도 있어야 합니다. 그 복덕도 뿌린 씨앗이 있어야 복과 덕이 있게 되는 것입니다. 뿌린 씨앗이 없으면 거둘 것도 없습니다. 그런데 부처님 전에 올리는 등공양은 복과 덕의 씨앗이 될 수 있습니다.

부처님 전에 올리는 모든 것은 하나도 헛됨이 없는데, 특히 등공양이 그러합니다. 어떠한 손해도 보지 않고 완전히 자기 것으로 할 수 있는 것이 부처님 전에 올려지는 공양입니다. 특히 등공양이 그러합니다. 그러므로 제일 완벽하고 제일 확실한 것이 부처님 전에 올리는 공양이며, 그중 하나가 바로 등공양이라고 생각하시면 되겠습니다.

정성껏 올린 등은 이생에서도 반드시 복과 덕의 수확을 얻을 수 있고, 또 먼 미래세에도 오늘 올린 등공양이 복덕의 씨앗이 돼서 수확할 것이 반드시 있을 겁니다. 선인(善因)에는 반드시 선과(善果)가 있습니다. 선인선과(善因善果), 우리는 늘 이것을 믿고 살아야겠습니다.

지금 제가 말씀드린 첫 번째, 두 번째만 하더라도 참으로 대단한 의미를 가지고 있지 않습니까? 부처님 전에 등공양 올린 그 의미가 앞서 말한 두 가지뿐이라 해도 참으로 대단한 것인데, 아직도 더 있습니다.

등공양의 세 번째 의미는 자비(慈悲)의 등입니다.

우리가 마음을 다해 절에 올리는 등은 그 정성이 모

여서 이웃을 위한 자비의 등이 됩니다. 복지단체들을 운영하는 데도 쓰이고요. 무료급식, 교도소 법회 등 어둡고 힘든 세상에 사는 분들에게 자비의 등으로 나투게 된다는 것입니다.

네 번째는 지혜(智慧)의 등입니다.

정성껏 올리는 연등공양은 그 정성들이 모여서 초·중·고·대 법회에도 쓰입니다. 또한 학교 운영과 장학금 등 인재 불사에도 쓰입니다. 그렇게 하면 본인 자신이 지혜를 얻게 됨은 물론이고 불사금의 대상, 즉 우리 아이들에게 큰 힘이 되어 진정한 지혜의 공덕으로 나타나게 될 것입니다. 우리가 올린 하나하나의 등이 그렇게 다 지혜의 빛으로 나툰다면 얼마나 좋은 일이겠습니까.

다섯 번째는 원력(願力)의 등입니다.

정성껏 올린 연등공양은 이 세상을 불국토로 만드는 데 큰 힘이 됩니다. 비록 한 등 한 등은 적을지 몰라도, 그것이 모여서 천 개 도량의 건립이라는 대작 불사가 되는 것입니다. 뉴욕 맨해튼에 한국 절을 짓는 그런 엄청난 대작 불사가 바로 한 등 한 등으로부터 시작된다는 말입니다.

또한 대 원력을 가지고 있는 선방의 스님들이 공부를 잘할 수 있도록 뒷바라지하는 불사에도 쓰이므로, 이 등은 바로 원력의 등이 됩니다. 그러한 선(善)의 과보가 연등공양을 올린 시주자에게 다 돌아갈 것입니다.

이상 연등공양의 의미에 대해 다섯 가지로 말씀을 드렸습니다.

우리들이 정성을 다해 올린 등공양은 후세에는 말할 것도 없고, 당장 현재에도 우리를 덩실덩실 춤추게 하는, 우리 마음을 흐뭇하게 하는 대단한 불사입니다. 아마 천 배의 성취, 만 배의 성취를 가져다줄 것입니다.

앞서 말씀드렸던 미수타라는 가난한 여인이 부처님 전에 정성껏 등공양을 올리고 후일 성불할 것이라는 수기를 받았던 것처럼, 우리가 정성껏 올리는 등공양의 공덕이 후일 우리가 부처님 세계에 태어나고 성불하게 하는 그런 큰 씨앗이 될 것입니다.

 오늘도 행복하시고, 내일 다시 뵙겠습니다.
관세음보살

69
만(卍) 자의 비밀

2020. 05. 08. 세계명상센터 보은전

 관세음보살. 유튜브불교대학 시청자 여러분, 반갑습니다.

드디어 2만 구독자가 생겼습니다. 제가 두세 달 전에 "백만 구독자를 만들어 미국 맨해튼에 한국 절을 지읍시다. 온라인을 통한 포교를 해서 이 세상을 우리의 힘으로 불국토로 한번 만들어봅시다."라고 말씀을 드렸는데, 드디어 기초가 형성된 것 같습니다. 이를 발판으로 불국토 건설을 위해 더욱 다부지게 나아가야겠습니다. 두세 달 만에 2만 구독자를 만든다는 것은 모두가 협조해 주신 덕분입니다. 진심으로 감사드립니다.

오늘 법문의 제목은 '만(卍) 자의 비밀'입니다. 먼저, 만(卍) 자의 의미입니다.

도대체 어떤 의미가 있는가? 절 만(卍), 여기에는 만덕(萬德)의 뜻이 있습니다. 만덕, 즉 '만 가지 덕이 있다'는 것입니다. 만(卍) 자는 부호이기도 하고, 글자이기도 합니다. 그래서 예로부터 만자를 목걸이로 하거나 반지로 해서 손가락에 끼면, '만덕을 가진다'고 해서 그렇게들 많이 해오고 있습니다. 불자로서 만 자 목걸이를 하거나, 만 자 반지 하는 것은 아주 좋은 일이지요.

그렇다면 이 만덕은 구체적으로 어떤 것인가? 만덕은 길상(吉祥), 행운(幸運), 경복(景福)을 나타냅니다. 이 얼마나 좋은 뜻입니까? 그러므로 불자들이, '길상, 행운, 경복을 나타내는 만 자다' 이렇게 생각하고 반지나 목걸이를 착용하신다면, 반드시 그런 만덕을 갖추게 될 것입니다. 분명, 부처님으로부터 만덕의 가피를 입게 될 것입니다.

지금부터 만(卍) 자의 기원을 좀 살펴보겠습니다.

원래 만 자는 아리안족이 쓰던 태양의 방광(放光)을 본뜬 부호였다고 합니다. 부처님은 샤카족(釋迦族)인데 이 샤카족도 아리안족이었던 모양입니다. 그래서 요즘도 부처님을 조성할 때는 만 자를 가슴, 손발, 머리에 새기는 경우가 많습니다. 물론 전설적인 얘기입니다마는 부처님께서는 태어나실 때부터 몸, 즉 법체(法體)에 만 자를 가지고 태어나셨다는 얘기도 있습니다. 이처럼 부호로서의 만 자 모양은 옛날부터도 인도에서 많이 쓰던 글자였습니다.

한편 만 자를 연구한 사람에 따르면, 그리스 등지에서도 변형된 만 자이지만 만 자를 많이 썼던 모양입니다. 변형된 만 자를 많이 쓰던 이들은 게르만족이었습니다. 그러니까 게르만족의 원 뿌리도 결국에는 아리안족입니다. 그런데 독일의 나치가 아주 나쁜 짓을 할 때, 만 자를 내세웠습니다. 게르만족의 상징, 즉 부호처럼 만 자를 그렇게 쓰다 보니, 만 자의 이미지가 많이 나빠진 것이 사실입니다. '우음수(牛飮水) 하면 성유(成乳)하고, 사음수(巳飮水) 하면 성독(成毒) 한다' 라는 말이 있습니다. 이는 '소가 물을 마시면 우유를 만들고, 뱀이 물을 마시면 독을 이룬다' 라는 뜻입니다. 이 만 자의 쓰임이 그런 것 같습니다. 게르만 민족, 특히 독일의 나치들로 인해 만 자의 이미지가 많이 추락했습니다. 물론 그들이 사용한 만 자는 조금 변형된 것으로, 불교의 상징인 만 자와는 조금 다릅니다. 하지만 일반 사람들은 다 똑같은 만 자라고 생각을 하니 문제가 있는 것입니다.

이처럼 만 자가 원래는 부호였습니다. 그런데 이것이 중국으로 들어오면서, 당나라 측천무후 시대에 글자로 다시 한 단계 더 업그레이드되었습니다. 즉, 측천무후 시대에 들어서면서 이것이 부호이면서, 동시에 '만'이라고 글자화되었다는 것입니다. 글자가 되면서 만 자는 만덕(萬德)의 의미도 갖게 되었습니다.

만(卍)에는 두 가지 종류가 있으니 하나는 '왼 만(卍)', 다른 하나는 '오른 만(卐)'입니다. 그런데 요즘도 인도를 다녀보면 왼 만(卍) 자도 있고 오른 만(卐) 자도 있습니다. 따라서 이 둘을 나누는 것은 그리 중요하지는 않은 것 같습니다. 현재 한국에서 또는 전 세계적으로 쓰는 만 자는 반듯하게 '卍' 이렇게 앉혀져 있습니다.

卍(만) 자를 가만히 보면, 영어 알파벳의 엘(L) 자를 바람개비 방향으로 4개를 갖다 붙인 것처럼 보입니다. 그래서 요즘 불교를 믿는 서양학자들은 "엘(L) 자 4개로 구성되어 있는 만(卍) 자는 대단히 중요한 비밀을 가지고 있는 글자이다."라고 말합니다. 왜냐하면 엘(L) 자에는 네 가지 의미가 있다고 보기 때문입니다.

첫째 라이프(Life), 즉 생명입니다. 불교는 생명을 존중하는 종교입니다. 둘째 라이트(Light), 즉 광명입니다.

불교는 늘 지혜 광명을 말하지요. 셋째 러브(Love), 즉 자비, 사랑입니다. 불교는 늘 자비와 사랑을 강조하잖습니까. 넷째 리버티(Liberty), 즉 자유입니다. 불교는 늘 해탈, 대자유를 노래합니다. 이렇게 라이프, 라이트, 러브, 리버티의 엘(L) 네 개가 모여서 卍 자가 되었으므로 만 자에는 대단히 신비하고 좋은 기운이 있다고 한 것입니다.

여기서도 알 수 있듯이 남녀노소를 떠나서 만 자로 된 반지나, 만 자로 된 목걸이를 걸고 다니면 만덕이 다 갖추어진다고 하는 것도 그렇게 빈말은 아닌 것 같습니다. 그러므로 만 자 반지나 귀걸이, 목걸이 다 좋습니다. 그런 장식품이 있으면 자신 있게 차고 다니셔도 됩니다. 혹시라도 다른 종교인들이 나를 어떻게 볼까, 그런 걱정은 하지 말고 아주 좋은 거니까 차고 다니시면 분명히 좋은 일이 생길 겁니다.

그리고 한 가지 더, 만 자를 보면서 든 제 개인적인 생각을 덧붙이겠습니다. 저는 이 글자를 보면서 '참 바람개비와 똑같이 생겼다' 라는 생각을 했습니다. 저희들이

어릴 때는 시골에서 바람개비를 만들어 놀았습니다. 대나무를 잘라 종이를 붙여 바람개비를 만들어 손에 쥐고 달리면 바람개비는 내가 달리는 만큼 돌지 않습니까. 내가 빨리 뛰면 빨리 돌고, 천천히 뛰면 천천히 돌지요. 그것처럼 우리가 다부지게 정진하면 좋은 일이 많이 일어나고, 천천히 정진하면 천천히 정진한 대로 일이 서서히 일어남을 상징하는 문자가 바로 이 만 자가 아닌가 싶습니다. 이건 순전히 제 의견입니다. 그래서 저는 이 바람개비에는 정진의 의미가 있고, 마찬가지로 만 자에도 정진의 의미가 내포되어 있다고 생각합니다.

우리는 빨리 달리면 빨리 도는 바람개비처럼, 열심히 정진함으로써 더 좋은 일이 빨리 일어날 것이라는 확신과 믿음을 가지고 살아야겠습니다.

 늘 건강하시고 내일 다시 뵙겠습니다.
관세음보살

無一우학
說法大典

70
이미 환생했다면 제사가 무슨 소용?

2020. 05. 09. 세계명상센터 보은전

 관세음보살. 유튜브불교대학 시청자 여러분, 반갑습니다.

오늘 생활법문은 들어온 질문에 대한 답변입니다. 제가 질문을 읽어드리겠습니다.

"스님, 이미 윤회해서 새 몸을 받았을 텐데, 백중, 지장재일 등 천도재는 왜 하나요?"

다시 말해, '이미 돌아가신 조상에 대해서 백중이나 지장재일 등 천도재를 꼭 지내야 하는가?' 하는 질문입니다. 이어서, "웬만해서는 죽은 지 49일 만에 다시 새로운 몸을 받는다고 하면서, 제사는 왜 지내는지요?"라고 하셨습니다. 이 역시 앞의 질문과 비슷한 맥락의 질문입니다. 제사는 해마다 지내는 것인데, 49일 만에 환생한다면 그렇게 연년이 지낼 특별한 의미나 명분이 있는가 하는 내용입니다.

제가 만든 말이 하나 있습니다. '심기관통시공(心氣貫通時空)이라, 마음의 에너지는 시간과 공간을 뚫고 통한다' 라는 뜻입니다. 즉, 마음 에너지는 시공을 초월한다는 말입니다. 우리가 과거를 회상할 때는 바로 과거로

心氣貫通時空이라, 마음의 에너지는 시간과 공간을 뚫고 통하는 것입니다

갑니다. 이처럼 마음은 공간도 구애받지 않고, 시간도 구애받지 않습니다.

제가 옛날부터 전해 내려오는 이야기를 하나 해 드릴 테니, 잘 한번 들어보십시오. 이 이야기 속에 우리가 왜 제사를 지내야 하고, 천도재를 지내야 하는지에 대한 그 답이 담겨 있습니다. 사실 이 이야기는 하도 유명한 이야기라서 이미 들어보신 분도 많을 겁니다.

옛날에 용학이라는 스님이 계셨습니다. 용학 스님이 영변 서광사에 계실 때였습니다. 용학 스님은 꿈에서 수암사라는 절에 가서 차(茶)도 얻어 마시고, 법문도 실컷 듣는 꿈을 꾸었습니다. 그런데 해마다 그날만 되면 그 꿈을 꾸는 것이었습니다. 스님은 너무나 이상해서 달력에다가 표시를 해 두었습니다. 그러면서 '언젠가는 저 오산에 있는 수암사에 한번 가 봐야지'라는 생각을 하고 있었습니다. 용학 스님은 그곳이 오산에 있는 수암사라는 것은 어떻게 알게 되었느냐? 꿈속에서 현판에 쓰인 절의 사명(寺名)을 보니, 수암사라 되어 있어서, 그곳이 수암사라는 것을 알게 되었다고 합니다.

그런데 어느 날, 진짜 수암사에서 객(客) 스님이 한 분 왔습니다. 객스님이란 이 절 저 절을 다니면서 절의 소식을 전하거나 만행 삼아 다니는 스님을 말합니다. 용학 스님은 오산 수암사에서 왔다는 스님을 접하고는 아주 정신이 번쩍 들었습니다.

"정말 수암사에서 오셨습니까?"

"예, 제가 오산 수암사에서 왔습니다."

"그렇다면 모월 모일, 혹시 수암사에 큰 행사가 있습니까?"

그 말을 듣고 객 스님이 더 놀라면서 말했습니다.

"이곳 서광사와 수암사는 거리가 아주 먼데, 스님께서 그쪽 사정을 어떻게 아십니까? 그날은 돌아가신 수암사 중창주 큰스님의 기 제삿날입니다. 수암사를 다시 크게 일으킨 큰스님이 있으셨는데, 그 중창주 되는 스님의 기 제삿날입니다."

이렇게 말하는 것이었습니다. 그 얘기를 들은 용학 스님은 직감적으로 '내가 수암사 중창주의 후신(後身)인가 보다'라는 생각을 하였습니다. 그러나 좀 더 확인을 하고 싶어서 다시 물었습니다.

"스님, 그 큰스님께서는 수암사 중창하는 것 말고도 또 다른 원력(願力)이 있었습니까?"

수암사에서 온 객스님이 다시 대답했습니다.

"아, 원력이 있었다고 전해오는 얘기가 있습니다. 하지만 그 원력을 실천하지는 못하시고 돌아가셨다고 합니다."

"그 원력이 무엇입니까?"

"해인사 팔만대장경을 다 복사를 해서, 전국에 계시는 스님들에게 법보시를 하고 싶다는 원력을 세우셨는데, 그것은 못 하고 돌아가셨다고 합니다."

그 얘기를 들은 용학 스님은 무릎을 쳤습니다. '아하, 정말 나의 얘기구나' 하는 것을 크게 느꼈다는 것입니다. 왜냐하면 용학 스님은 현재 거처하고 있는 서광사에서도 '해인사의 팔만대장경을 복사해서 전국에 있는 스님들에게 모두 나누어 드리면 얼마나 좋은 일이 될까? 언젠가는 꼭 해야지' 그런 생각을 늘 해왔기 때문이었습니다. 안 그래도 그런 원력을 늘 가지고 있었는데, 객 스님의 얘기를 들으니 과거 전생부터 그런 원력을 가지고 있었다는 것을 확신하게 되는 것입니다.

그 얘기를 다 들은 뒤 용학 스님은 바로 불보종찰(佛寶宗刹) 통도사에 내려오셔서 백일기도를 하셨다고 합니다.

우리가 어떤 큰일을 할 때는 반드시 부처님 전에 불공을 드리면서 기도를 해야 합니다. 부처님의 가피가 있어야지 일이 성취되는 수가 많습니다.

용학 스님은 통도사에서 백일기도를 정성껏 하신 뒤, 다시 또 해인사로 가셨습니다. 해인사에서 다시 백일기도를 하면서, 거기서 큰 시주자를 만나게 되었습니다. 나라의 큰 시주자가 있어서 스님께서는 백일기도를 무난히 잘 마치고, 바로 대장경 인쇄에 들어갔다고 합니다. 그렇게 해서 총 4부를 인쇄하셨다 합니다.

옛날에는 수천 권 되는 대장경을 한 번 인쇄하는 것도 보통 문제가 아니었던 것 같습니다. 먹물 하며, 그 닥종이 하며 한번 생각해 보십시오. 엄청난 재력과 인력이 들어가는 큰 불사였을 것입니다.

그런데 용학 스님은 과거 전생부터의 원력이 바탕이 되었고, 또한 열심히 부처님 전에 기도한 일로 부처님의 가피를 받아서, 무려 네 부나 되는 대장경을 복사를 했다고 합니다. 그렇게 총 네 부를 인쇄하여 세 부는 삼보사찰(三寶寺刹)인 통도사, 해인사, 송광사에 잘 모셨고, 나머지 한 부는 전체를 나누어서 그때 당시 모든 절에 다 기증을 했다, 즉 법보시 했다고 합니다.

이는 1896년 후 구한말 시대에 있었던 얘기로 통도사에 아주 대 선지식이셨던 경봉 큰스님, 월하 큰스님과 같은 큰스님께서 법문 중에 가끔 하시던 말씀이었습니다.

용학 스님의 이야기를 이렇게 듣다 보면, 마음이라고 하는 것은 육신이 바뀌어도 그대로 진행이 된다는 것을 알 수 있습니다. 즉, 전생의 마음이 후생의 마음으로 그대로 옮겨오는 것이지, 절대 없어지는 것이 아니라는 것을 우리가 알게 됩니다.

이 세상은 인드라망의 세계라고 합니다. 인드라망의 세계라는 것은 물질적인 것도 그러하지만, 특히 정신적인 것은 언제나 연결 되어져 있음을 말합니다. 그러므로 정신적인 것, 즉 마음의 에너지는 형상(形像)에 관계가 없습니다. 이생에서 몸이 바뀌고 다음 생에 또 몸이 바뀌더라도, 그와 관계없이 그대로 그 마음의 에너지가 바로 통하고 바로 이어진다는 것입니다.

또한 마음의 에너지는 물질에 관계없이 우리가 정성을 다하면 바로 그분에게 연결됩니다. 설령 그분이 새로 태어났다 할지라도 그러한 한계에 전혀 영향받지 않고 바로 연결됩니다. 가까운 관계일수록 더욱더 잘 연결되는, 즉 교감하는 성질이 있다고 합니다. 그러므로 이미 돌아가신 지 49일이 지났다고 할지라도 지극정성으로 하는 천도재, 즉 지장재일이 됐든 백중이 됐든 기제사가 되었든 1년 49주 천도재가 되었든지 간에, 우리가 지극정성 지내 드리는 마음의 에너지는 곧바로 그분에게 직접적으로 전달됩니다.

물론 49일이 지났는데도 어떠한 연유로 환생하지 못한 경우도 있을 수 있습니다. 하지만 그런 경우는 아주 특별한 경우이니 놔두고, 49재가 끝난 뒤 새 몸을 받았을지라도 우리가 지극정성 지내는 마음의 에너지는 다 그분에게 그대로 전달된다는 말입니다. 제사나 천도재가 눈에 보이지는 않지만, 정성을 다한 그 에너지가 우리 조상들에게 직접 가서 미친다는 것을 용학 스님의 경우를 보더라도 알 수 있습니다. 또한 천도재를 지내보면, 그런 느낌이 더러 있습니다.

아무튼, 당 영가가 몸을 몇 번 받았든지 간에, 그분에게 에너지가 반드시 미친다는 얘기입니다. 뿐만 아니라 그러한 선(善)의 에너지는 반드시 재를 지내주는 재자(齋者)에게도 다시 돌아옵니다. 조상의 재를 챙기는 나에게도 공덕을 주는 것입니다. 재자에게도 반드시 큰 공덕이 있습니다.

우리가 지내는 많은 재(齋), 백중, 1년 기제사, 또는 설, 추석에 지내는 차례 등의 재들은 참으로 중요합니다. 비록 상대가 49일이 지나서 좋은 데로 가셨다거나, 좋은 몸을 받아서 잘 태어나셨다 할지라도 후손들이 지극정성 마음을 모아서 재를 지내게 되면, 그 마음의 에너지가 직접 전달이 돼서 그분의 삶이 훨씬 더 잘 되고 윤택해집니다.

나와 인연 맺었던 사람이 내가 재를 잘 지내주므로 인해서, 그분이 다시 태어나서 살면서도 하는 일이 잘 되고 더욱더 잘 사는 삶이 된다면, 재를 지내는 입장에서는 얼마나 좋은 일이겠습니까? 나와 인연 맺었던 그분들이 더욱더 잘 되는 일이니까 좋은 일이지요. 우리가 49일이 지난 재를 지내면서 그런 긍정적인 마음을 가지고 지내고, 마음의 에너지의 위대함을 느끼면서 재를 지낸다면 훨씬 더 지극정성 재가 되겠습니다.

 내일 다시 뵙겠습니다.
관세음보살

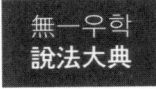

71
불자가 반려동물을 길러도 되나?

2020. 05. 10. 세계명상센터 보은전

※ 불교신문 기획연재 '우학스님의 유튜브 불교대학'의 글을 그대로 수록하였습니다. 생생한 우학 스님의 설법은 유튜브에서 확인하시기 바랍니다.

관세음보살. 유튜브불교대학 시청자 여러분, 반갑습니다. 오늘은 '불자가 반려동물을 길러도 되나?'라는 제목으로 말씀을 드리겠습니다.

먼저, 본 주제를 다루기 전에 애완동물의 하나인 고양이에 얽힌 멋진 화두가 생각나서 소개해 드리겠습니다. '남전참묘(南泉斬猫) 조주초혜(趙州草鞋)'라는 제목의 화두인데, 구체적인 얘기는 이러합니다.

남전 스님이 고양이 한 마리를 두고 동당과 서당의 스님들이 나누어져 서로 자기들 것이라고 다투는 것을 보고는 전체 대중들에게 말하였습니다.

"한마디 이르면 고양이를 살려주겠지만, 이르지 못하면 이놈의 목을 베겠다."

그런데 대중 가운데 아무도 대답을 못하였습니다. 남전 스님은 곧바로 고양이의 목을 베어버렸습니다. 그런 일이 있은 후, 애제자인 조주 수좌가 볼 일차 밖에 나갔다가 저녁에 돌아오자, 남전 스님은 낮에 있었던 얘기를 해주면서 한마디 일러보라고 하였습니다. 그랬더니 조주 수좌는 신고 있던 짚신을 벗어 머리에 이고는 문밖으로 나가버렸습니다. 이에 남전 스님이 말하였습니다.

"안타깝도다. 그대가 낮에 있었더라면 고양이를 살릴 수 있었을 텐데…."

유튜브불교대학 시청자 여러분, 깊이 사유해 봄직한 얘기이지요? 궁극적으로 말하려는 낙처(落處)가 무엇인지를 고민해 보기를 바라면서 본 주제 속으로 들어가겠습니다.

요즘 스님이나 재가자들이 반려동물을 키우는 경우가 참 많습니다. 그렇다면 불교에서는 반려동물을 키우는 것에 대해서 어떻게 바라보는지, 경전에 입각하여 살펴보겠습니다. 계율을 가르치는 경(經)인 범망경(梵網經)에서는 '동물을 키우지 마라' 라고 합니다.

그런데, 여기에는 요즘 우리 현대 문화와는 조금 다른 부분이 있음을 감안해야 합니다.

첫째로 '살생, 즉 잡아먹는 것을 전제로 하는 가축 사육은 안 된다' 라고 나와 있습니다. 예를 들면, 나중에 식용으로 하기 위한 개 사육은 안 된다는 것입니다.

둘째는 '다른 동물을 해치는 포악한 동물은 길러서는

안 된다'라고 나와 있습니다. 예를 들면, 쥐를 잡기 위한 고양이 사육은 안 된다는 것입니다. 이는 간접 살생을 도모하기 때문입니다.

셋째는 '인간관계를 소원하게 하는 동물은 길러서는 안 된다'라고 나와 있습니다. 부처님 당시의 일입니다. 어떤 비구가 원숭이를 길렀는데, 그러다 보니 자기 도반들과는 소원하게 되었습니다. 동물을 키움으로 인해 생기는 부작용의 한 단면입니다. 아무튼 경전에서는 동물을 키워서는 안 되는 이유를 이렇게 세 가지로 밝히고 있습니다.

제 개인적 생각입니다만, 위의 경우들이 아니라면 반려동물을 키우는 것은 별문제가 없다고 봅니다. 사실, 동물에 대한 생각들은 세대별로 많은 차이가 있습니다. 연세 많으신 분들 중에서는 '동물은 동물인 게지, 동물하고 어떻게 같이 사느냐? 동물은 결국 가축 아니냐?'라고 말씀하십니다. 하지만 요즘 젊은 사람들은 애완동물을 가족 개념으로 대접합니다. 즉 가축이 아닌, 서로 의지하고 서로 정을 나누면서 외로움을 달래다 보니 반려동물이 된 것입니다. 자료에 의하면, 현재 우리나라에서는 이 반려동물을 키우는 사람이 자그마치 천만 명에 이른다고 합니다. 엄청나게 많은 사람들이 동물을 반려의 차원도 넘어서서 가족 개념으로 생각하는 시대에 살고 있습니다. 아예 '가족 동물'이라고 하는 사람도 있을 정도니 예전에 저희들이 시골에 살 때 개, 고양이를 대하던 경우와는 많은 차이가 납니다. 한마디로 격세지감을 느끼지 않을 수가 없습니다.

그렇다면 불교적으로는 이 동물들을 어떻게 생각해야 할까요? '다 생명 있는 존재들이다' 라고 봐야 합니다. 유정(有情), 즉 중생이라는 점에서는 다를 바가 없습니다.

최근에 이곳 무일선원에 산 고양이들이 나타나 대중들의 무료함을 달래줍니다. 저는 이들을 유심히 관찰합니다. 감정 섞인 행동들이 우리들 인간과 매우 흡사함을 자주 느낍니다. 쓰다듬어주면 금방 정을 붙입니다. 그리고 한 마리에게만 관심을 가지면 다른 고양이들이 시기 질투심을 일으킵니다. 맛있는 먹이를 주노라면, 서로 먹겠다며 형제간에도 눈에 불을 켜고 설칩니다. 언어 표현력이 부족하고 지혜가 모자라는 것이 눈에 띄기는 해도 '생명은 다 똑같구나' 하는 것을 충분히 느낍니다. 그래서 부처님께서 말씀하신 '일체중생(一切衆生) 개유불성(皆有佛性)', 즉 '일체중생이 다 불성을 가지고 있다'는 금구성언(金口聖言)이 참으로 지당하고 지당함을 실감합니다.

사는 모양, 즉 쓰고 있는 껍데기는 좀 다르다 하더라도 그 안에 든 생명의 고귀함, 그 영혼은 일반 동물이나 사람이 별반 차이가 없습니다. 불성(佛性), 즉 '부처님 성품'이 많은 의미로 쓰이고 있습니다만, 그중에서도 자각성(自覺性)을 말할 때가 있는데, 모든 동물들이 다 그런 성품이 있습니다.

예를 들면, 고양이는 우리 인간들보다 더 이른 나이에 대소변을 가릴 줄 압니다. 대단한 자각성입니다. 개 또한 후각 등 그러한 자각성이 인간들보다 더 나을 때가 있습니다. 그렇게 생각한다면, 사람이라 해서 동물하고 어울리지 못할 이유가 없다고 봅니다. 오히려 '나는 동물 하고는 안 놀아. 나는 사람이지 동물이 아니야' 하고 마음을 먹는다면, 그것은 상(相)일 뿐입니다. 경전에서 말하는 상(相), 4상(四相)은 하근기 중생일수록 더 많이 부립니다. 동물들과 차별상을 가지면서 잘난 척 한다면 그 자체가 다른 동물들과 별 차별이 없는 중생임을 자인하는 꼴이 됩니다. 상을 내려놓고 보면, 동물이라는 큰 테두리 속에 인간이 포함돼 있을 뿐입니다.

  우리 주위에 반려동물을 키우는 사람들이 많은데, 대체로 마음이 따뜻합니다. 그리고 부드럽습니다. 이해심도 큽니다. 그것은 분명한 사실입니다. 그러한 마음, 성격들이 있으니 반려동물들을 사랑하며 키울 것입니다. 물론 마음, 성격의 차원을 떠나서 동물 키우는 것이 선천적으로 안 맞는 수도 있습니다. 또 시간적으로도 감당이 안 돼서 반려동물을 키우지 못하는 경우도 많습니다. 그러므로 반려동물을 기르고 있는 사람과 기르지 않는 사람을 두고 단순하게 옳고 그름을 차별 지을 수는 없습니다. 즉, 반려동물은 키워도 되고 안 키워도 되는 것입니다. 그것이 그 사람의 인격이나 품성을 나타내는 잣대가 될 수 없다는 것을 말씀드립니다.

다만, 반려동물을 키우는 입장이라면 지금부터 제가 드리는 말씀을 유심히 들으셔야 합니다.

첫째, 끝까지 책임을 져야 합니다. 병이 나면 병원에 데려가서 나을 때까지 치료해 줘야 합니다. 그리고 좀 싫다 해서 유기하거나 죽이면 안 됩니다. 그것은 매우 큰 업을 짓는 일입니다.

둘째, 동물의 입장에서 생각해 보았을 때 '행복한가?' 하고 늘 살펴야 합니다. 즉, 역지사지(易地思之) 했을 때 동물이 행복하도록 해줘야 합니다. 아무리 말 못하는 동물이라도 제 싫어하는 것을 강요해서는 안 됩니다. 경전(經典)에 나오는 표현으로 자통지법(自通之法)을 잘 적용해야 합니다. '아, 이렇게 하면 이 반려동물도 좋아하겠지' 하는 것을 해주어야 합니다. 또한 훈육의 목적이 아닌 경우에는 가혹 행위를 해서도 안 됩니다. 동물에 대한 학대 행위 또한 과보를 초래함을 명심해야 합니다.

셋째, 반려동물 때문에 가족의 화합이 깨진다면 반려

동물 키우는 것을 포기해야 합니다. 인간끼리의 사랑과 화합이 우선임을 잊어서는 안 됩니다. 가끔 반려동물 때문에 가족끼리 싸우고 가정이 시끄러운 수가 있는데, 그것은 절대 안 될 일입니다. 특히 동물 털에 민감한 어린아이가 있을 경우에는 애초에 반려동물을 들이는 문제를 깊이 생각해야 합니다. 또한 털 알레르기가 있거나 기관지가 안 좋은 사람도 유념할 필요가 있습니다.

 넷째, 호칭에 대한 얘기입니다. 반려동물을 사람으로 생각해서 호칭하는 수가 많은데, 그것은 지양해야 합니다. 예를 들면, 동물을 안으면서 '내가 너 엄마다', '엄마 왔다', '나는 너의 언니다', '이모다' 이렇게 말하는 사람들이 있는데, 이는 큰일 날 소리입니다. 동물을 사랑하는 것은 좋으나 호칭마저 뒤섞어서 쓰면 안 됩니다. 자칫 잘못하면 다음 생에 그 동물로 태어나는 수가 있습니다. 왜 인간의 몸 받아 살고 있으면서 짐짓 동물이 되려고 합니까? 동물을 보고, '내 딸아', '아들아', '내 막내야', '내 남편이야' 하는 게 말이나 됩니까? 다시 말씀드리지만, 오는 세상에 업으로 작용할 수 있는 말씨들은 아주 조심해야 합니다. 고양이든 개든 이름을 지어주어서 부르면 되고, 본인은 '주인' 또는 '집사'라고 하면 됩니다.

저는 개인적으로 반려동물을 키우는 것에 대해서 아주 좋게 생각합니다. 반려동물은 정서적으로 의지가 된다고 합니다. 우울증, 고독증이 있는 분들이 반려동물을 통해서 위로를 받고 힐링이 된다는 얘기를 많이 듣습니다. 대신, 반려동물 때문에 오히려 속상하고 스트레스를 받아서 애초의 그 자비심을 내동댕이쳐서는 안 됩니다. 그리고 너무 정이 깊어져서 며칠만 보지 못해도 병이 날 정도라면 그것은 애착이요, 애욕이니 스스로 마음 단속을 잘해야 합니다.

동물로 인해서 마음의 병을 얻는 일이 없으시길 바랍니다. 다음 주에는 '반려동물이 죽었다면 어떻게 해야 할 것인가?'에 대해서 말씀드리겠습니다.

내일 다시 뵙겠습니다.
관세음보살

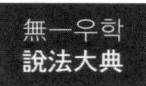

72
반려동물이 죽으면
어떻게 해야 하나요?

2020. 05. 11. 세계명상센터 보은전

※ 불교신문 기획연재 '우학스님의 유튜브 불교대학'의 글을 그대로 수록하였습니다. 생생한 우학 스님의 설법은 유튜브에서 확인하시기 바랍니다.

 관세음보살. 유튜브불교대학 시청자 여러분, 반갑습니다.

요즘 시대에는 대면 포교와 아울러 온라인을 통한 포교도 같이 해야 합니다. 특히 유튜브 포교는 너무도 절실합니다. 지금 시청하고 계시는 '한국불교대학 유튜브불교대학'은 우리 모든 불자(佛子)들의 것입니다. 유튜브를 할 정도면 엘리트 불자라고 생각을 합니다. 우리 의식있는 엘리트 불자들에게 제안하고 싶은 것이 하나 있는데, 그것은 '뉴욕 맨해튼에 우리 불자들의 힘으로 한국절을 하나 짓자'는 것입니다. 100만 구독자의 저력이면 가능하리라고 봅니다. 주위에 포교해 주시면 너무 감사하겠습니다. 현재 제가 기거하고 있는 감포의 B.U.D 세계명상센터 내에는 유튜브 포교의 중요성을 고취하고자 '유튜브불교대학 개교 기념관'을 건립 중에 있습니다. 완성되면 시청자 여러분을 꼭 모시도록 하겠습니다.

예, 오늘은 저번에 이어서 애완동물 또는 반려동물에 대해 더 말씀드리겠습니다. 주제는 '반려동물이 죽으면 어떻게 하나요'입니다.

키우던 애완동물이 죽으면, 심리적으로 남자는 친한 친구를 한 명 잃은 듯 매우 슬프다고 합니다. 그리고 또 여자는 제 자식을 잃은 듯 비탄에 빠질 정도라고 합니다. 이쯤 되면 반려동물, 가족동물이라 해야 할 것 같습니다. 비록 동물이지만 가족처럼 아끼고 사랑하였는데, 인연이 다해 죽는다면 상실감, 우울감이 얼마나 크겠습니까! 그래서 그러한 증세를 나타내는 단어 표현까지 생겨났습니다. '펫 로스 증상', '펫 로스 증후군(Pet Loss Syndrome)'입니다. 어떤 이들은 반려동물을 키우면서 겪는 펫 로스 증후군을 서너 번까지 겪는다고 합니다. 왜냐하면 반려동물의 대표격인 개나 고양이의 기대 수명이 15년에서 17년 정도이기 때문입니다. 반려동물의 죽음으로 펫 로스 증후군이 없을 수는 없으나, 너무 그 증세가 심해서 자살하는 사람도 있다는데, 그것은 큰 문제입니다. 혹시 그 정도로 자신의 감정이 감당이 안 될 정도의 성격이라면, 절대 반려동물을 키워서는 안 되겠습니다.

한 20년 전쯤의 일입니다. 한 신도님이 고등학교에

다니는 딸과 같이 저를 찾아와서는, 펑펑 울면서 자기 집에 키우던 반려견이 죽었다는 것입니다. 그래서 온 집안 식구들이 밥도 못 먹고, 큰 슬픔에 빠져있다고 했습니다. 개를 위해 무엇이든지 해주고 싶다면서 저더러 "49재를 스님이 좀 지내주시면 안 되겠습니까?" 하는 것이었습니다. 20년 전에는 지금처럼 반려동물을 키우는 일이 보편화되어 있지 않았습니다.

그래서 처음에는 많이 망설였습니다. 끝내는 수락을 하고 '반려견 49재'를 지내드리게 되었는데, 그 이후로 가족 모두가 차츰 평정심을 찾고 일상생활로 돌아왔습니다. 그때 저는 반려동물의 49재가 단순한 요식 행위 이상의 큰 의미가 있다는 것을 절감하였습니다. 뿐만 아니라 확신하건대, 반려동물의 49재가 그 동물에게도 큰 공덕이 됨이 분명합니다.

신통 제일 목련존자의 어머니가 아비지옥에 떨어진 뒤 몇 차례의 천도 끝에 드디어 왕사성의 개로 태어났습니다. 그때 목련존자 등 스님들은 개로 태어난 어머니를 위해서 천도재를 정성껏 지내드렸습니다. 그랬더니 드디어 그 어머니는 도리천이라고 하는 하늘나라로 올라가셨습니다. 목련경, 우란분경 등에 나와 있는 이야기입니다.

이러한 경전 말씀을 통해서 충분히 알 수 있듯이 천도재를 지극정성 지내게 되면, 먼저는 재를 지내주는 사람이 공덕을 입겠지만, 당 동물, 즉 반려동물도 큰 공덕을 입습니다. 최근에 와서는 신도님들의 요청으로 반려동물 합동 천도재를 거행하는 경우도 더러 봅니다. 현덕사, 봉은사, 국제선센터 같은 사찰들은 동물 천도재 도량으로 이미 널리 알려져 있습니다.

우리 불교는 모든 생명 있는 존재들을 똑같이 보는 입장입니다. 이 생명 존중 사상에서 보면 절집 안에서 동물들을 상대로 천도재를 지내는 것은 잘못된 일이 아닙니다. 충분히 이해할만하고, 현실적으로도 많이 행해지고 있습니다. 이에 반해 개신교나 가톨릭의 크리스트교에서는 동물은 사람과 확연히 구별되고, 사람이 막 다루어도 되는 존재라고 보기 때문에, 반려동물을 위한 추모 미사나 추모 예배란 있을 수가 없습니다. 동물을 상대로 한 천도재는 불교만이 할 수 있는 특별한 의식임이 분명합니다.

저번에도 말씀을 드렸지만 불교의 만중생 평등사상, '일체중생이 다 불성이 있다(一切衆生皆有佛性)'라고 하는 사상에서 보더라도 동물 천도재는 결코 잘못된 것이 아님을 알 수 있습니다. 어찌 보면 불교의 모든 사찰에서 공식화할 필요도 있습니다. 혹자는 동물 천도재를 비아냥대면서 '방편을 핑계 삼아 사찰이 돈벌이의 수단으로 전락했다'라고 망발을 하는 수가 있으나, 그것은 반려동물을 잃은 당사자의 정신적 고통에 대해 공감하는 마음이 부족하고, 죽은 동물에 대한 배려심이 전혀 없는 무자비심의 극치라고 볼 수밖에 없습니다.

이야기를 듣기로, 일부 사람들은 반려동물이 죽으면 대충 거적때기로 둘둘 말아서 쓰레기장에 버린다고 합니다. 애초에는 가족처럼 생각하고 같이 살아왔을 텐데, 그러한 처사는 윤리적으로도 이해가 안 갑니다. 키우던 반려동물이 죽으면, 당연히 잘 묻어주든지 깨끗하게 화장해 주는 것이 마땅합니다. 화장한 재를 땅에 묻어주는 것도 좋습니다. 저는 아직 보지는 못했습니다만, 반려동물 납골당이 있다는데, 그곳에 안치해 주는 것도 괜찮습니다. 만일 직접 땅에 묻었거나 화장한 재를 묻었다면, 아주 작은 비석도 하나 해주십시오. 그러면 그 반려동물도 좀 더 편하게, 집착 없이 갈 수 있지 않을까 생각합니다. 개로 태어났던 목련존자의 어머니가 도리천으로 올라간 것처럼 다른 반려동물도 천상세계에 나지 말라는 법이 없습니다. 그래서 장례부터 천도재에 이르기까지 지극정성 다해보자는 것입니다.

재차 말씀드리지만, 이 방송을 듣는 우리 스님들도 반려동물의 천도재 및 장례의식을 긍정적으로 수용해 주실 것을 부탁드립니다. 복잡할 것이 없습니다. 신도가 찾아와서 아주 간곡하게 '반려동물 천도재'를 얘기한다면, 사람 재 지내듯이 똑같이 해주면 됩니다. 단, 영단에 음식을 올릴 때는 그 반려동물이 늘 먹던 사료나 먹이를 사용하는 것이 맞습니다. 일반적으로 재 지낼 때 올리는 음식인 전, 과일은 사용할 필요가 없으니 잘 유념하시길 바랍니다. 죽은 반려동물 위주로 영단 상을 차리라는 것입니다.

　우리 불자들은 겉모양의 형식보다는 영혼, 영식(靈識), 즉 본질을 더 중시해야 합니다. 그렇다면 비록 사람 아닌 동물이라 하더라도 정성껏 사후 처리를 해주는 것이 좋습니다. 우리가 바라는 것은 아니지만, 그것 또한 큰 공덕이 됨은 분명합니다. 다시 말씀드립니다. 동물이 죽었다고 해서 물건 버리듯이 하시면 안 됩니다. 우리 유튜브 시청자들은 늘 의식이 또렷또렷하고 자비심이 충만한 불자들이지 않습니까! "나는 정법 불자이다" 하는 입장에서 늘 바른 불자 의식으로 뒷일을 잘 처리하는 것이 좋겠습니다.

　살아있는 존재들은 반드시 죽게 되어 있습니다. 시간상 빠르고 더딤은 있을지 모르지만 죽는다는 사실은 진리입니다. 그리고 생명의 고귀함은 동물에서조차 다 똑같습니다. 키우던 반려동물이 죽거들랑 당황하거나 너무 슬퍼하지 마시고 아는 스님이나 잘나가는 원찰의 종무소에 전화를 해서 "어떻게 하면 좋겠습니까?" 하고 문의하십시오. 아까 얘기한 것처럼 절에 상의를 하면, 땅

넓은 절이라면 산기슭 어딘가에 묻어줄 수도 있을 것입니다. 손바닥만 한 예쁜 비석도 가능할 것입니다. 또 절에서 49재를 올리고 싶다면 스님에게 그간의 사정을 얘기하고 서로 잘 상의해서 좋은 방법을 찾으십시오. 그래서 다시는 반려동물로 인해서 마음에 상처가 나지 않기를 바랍니다. 사람과 동물이 한 지붕 아래 모여 사는 것은 서로 행복하기 위함입니다. 같이 살 때도 행복해야 하고 인연이 다해 헤어질 때도 슬픔보다는 그 슬픔을 잘 승화해서, 가는 존재가 더 좋은 곳으로 가게 해주어야 합니다. 혹시 인연이 다한 동물로 인해서 마음에 큰 병을 얻는다면, 그것은 정말 절대 안 될 일입니다. 생명의 순환을 생각하고 두렷이 깨어있어야 엘리트 불자요, 참 불자입니다.

 죽은 반려동물을 위해서 49일 동안만이라도 정성껏 기도를 해주십시오. 기도는 두 가지 정도면 거의 완벽할 것입니다. 즉, 매일 금강경을 사정에 따라 몇 편씩 독송하되, 광명진언을 뒤에 붙여서 적당히 외우시면 됩니다. 기도 끝에는 축원장을 만들어서 읽으시면 더욱 좋겠습니다. 키우던 반려동물이 좋은 곳에 가도록 마음을 담은 것이면 됩니다. 축원장의 내용이 너무 길 필요는 없다고 봅니다. 금강경, 광명진언의 독송 끝에 간단히 읽기를 하루에 두어 번 정도 하십시오. 이렇게 하면 죽은 반려동물은 정말 맑고 편안한 영혼으로 '우리 주인은 나한테 참 잘해 주셨다' 라는 고마움을 갖고 다음 생, 좋은 몸을 받을 것입니다. 그리하면 끝까지 잘 챙기고 배려해 준 주인의 공(功)도 크게 남을 것입니다.

 늘 건강하시고, 내일 다시 뵙겠습니다.
관세음보살

無一우학
說法大典

73
동성애에 대한 불교적 입장

2020. 05. 12. 세계명상센터 보은전

관세음보살. 유튜브불교대학 시청자 여러분, 반갑습니다. 오늘은 아주, 아주 특별한 주제를 가지고 말씀을 드리려고 합니다. 그것은 바로 '동성애에 대한 불교적 입장' 입니다.

요즘 성(性) 소수자들이 많이 이용한다는 이태원 클럽 발(發) 코로나19로 인해서 방역 당국이 아주 긴장하고 있습니다. 그런데 이에 대해 보도하는 뉴스의 댓글에서는 코로나라는 본질보다 동성애에 대한 비방이 넘쳐나고 있습니다.

우리는 동성애자들을 '성(性) 소수자'라고 말합니다. 어쩌면 이 말 자체도 편견인지도 모르겠습니다. 제가 한 10년 전에 포교차 미국의 샌프란시스코를 방문한 적이 있었습니다. 그런데 거기에는 성 소수자가 정말 많았습니다. 샌프란시스코의 경우에는 도시의 어느 한쪽 전체가 동성애자의 삶터였습니다. 집집마다 천으로 된 깃발이 내걸린 것을 보고, 제가 가이드에게 물어보았습니다. 그랬더니 그 깃발은 자신들이 동성애자라는 것을 나타내는 깃발이라 했습니다. 그런데 그 동네에는 그 깃발을 걸지 않으면 그 지역에서 살아갈 수가 없습니다. 굳이 억지로 표현하자면, 거기에서는 성 소수자가 아니라 성(性) 다수자라고 표현할 수도 있겠습니다.

또 제가 호주 시드니에서도 포교차 잠시 머물렀던 적이 있습니다. 그때가 마침 동성애자들의 축제 기간과 맞물렸습니다. 가서 보니, 동성애자들이 엄청나게 많았고, 그들의 자부심도 대단했습니다. 그래서 우리가 '성 소수자'라고 하는 것도 편견일 수 있다고 생각한 것입니다.

우리는 사람이 사람을 사랑하는 문제에 있어서 너무 내 식대로 생각하는 것은 잘못일 수도 있다고 생각해야 합니다. 그러므로 법을 떠나 인격적인 부분에 있어서만큼은 절대 그들이 차별받아서는 안 된다는 생각을 해야 합니다. 동성끼리 좋아한다는 것은 개인들의 취향이요 성향의 문제이지, 그것 자체가 비판의 대상이 될 수는 없습니다.

매년 서울시청 앞에서 열리는 축제 중에 '서울 퀴어 문화 축제'라는 것이 있습니다. 그것을 서울시에서 인정했다는 것은, 단순히 동성애라고 해서 집회를 하는 그 자체가 차별되어서는 안 된다는 것입니다. 성 정체성은 스스로가 알아서 할 일이고, 성 소수자의 그러한 이권마저 우리가 깡그리 뭉개서는 안 됩니다. 그들의 인권 역시 존중되어야 합니다. 한마디로 인간이 인간을 사랑하는 것은 잘못이라고 할 수 없다는 것이지요.

사회 통념상 이해되지 않는 점은 없지 않습니다. 하지만 다른 외국처럼 사회적 합의가 된다면 그 또한 문제가 없습니다. 사회적 합의의 시간이 필요할 뿐입니다. 그러므로 외국의 경우처럼 우리나라의 성 소수자들도 스스로 아주 떳떳할 필요가 있습니다. "스스로 떳떳하십시오."라고 꼭 전하고 싶습니다.

아무튼, 우리는 동성애자들을 두고 비방할 이유가 전혀 없습니다. 나와 똑같지 않다고 해서 비방할 이유는 없습니다.

얼마 전부터 이태원 클럽 발 코로나 확진자가 다수 발생하고 있습니다. 이태원 클럽을 방문한 사람이 약 한 6, 7000명 된다고 합니다. 그런데 서울시에서 지속적으로 연락을 취해도 그 클럽에 갔던 사람 중 상당수의 사람들이 여전히 연락이 닿지 않고, 또 연락을 피한다는 뉴스를 조금 전에도 보고 왔습니다. '동성애자라서, 부끄러워서 나갈 수 없다' 라는 그런 생각 자체를 버리고, 아주 당당하게 나와서 코로나 검사를 받으시면 됩니다. 그래야지 본인들의 위치와 권리를 찾는 데 도움이 될 것입니다. 성 소수자라 해서 절대 부끄러워할 이유가 없습니다. 위축된 마음을 가질 것이 없습니다. 당당하게 나가서 코로나 검사를 받으십시오.

우리가 문제 삼아야 할 것은 아주 근원적으로 보는 것에 있습니다. 불교에서 근원적으로 문제 삼는 것은 바로 '과도한 성적 탐욕'입니다. 그것을 현재 문제 삼고 있는 것입니다. 불교에서는 인간의 욕망을 다섯 가지로 말합니다. 이름하여 오욕(五欲)이라 하여, 재물욕(財物欲), 색욕(色欲), 식욕(食欲), 명예욕(名譽欲), 수면욕(睡眠欲)입니다. 여기서 두 번째 색욕(色欲)이 지금 우리가 말하는 성적 탐욕입니다. 이성 간이든 동성 간이든 색욕은 다 똑같습니다.

한편, 깊이 관찰해 보면 우리 삶의 추진 동력이 바로

이 오욕, 재색식명수(財色食名睡), 즉 재물욕, 색욕, 식욕, 명예욕, 수면욕입니다. 이게 없으면 세상을 살 수 없습니다. 이것은 타고난 본능입니다. 하지만 그렇다고 해서 욕망의 노예가 되어서는 안 됩니다.

다시 말씀드리겠습니다. 색욕을 포함해서 다섯 가지 욕망이 없으면 사실은 살아갈 수도 없고, 존재할 수도 없습니다. 현재 나의 존재도 다 이런 욕망으로부터 지금 버티고 있는 것입니다. 삶 자체가 출발부터 이런 욕망에서 출발했다는 것입니다. 하지만 그렇다고 해서 욕망의 노예가 돼서 허덕여서는 안 된다는 것이 불교적 입장입니다.

자기 주인공이 성성해서 욕망을 부려야 합니다. 자기 욕망을 부릴 줄 알아야 한다는 말은 자기 욕망을 스스로 컨트롤할 수 있어야 한다는 말입니다. 그래서 남과 내가 이해할 수 있을 만큼의 욕망을 부려야 합니다. 남에게도 이해받을 수 있고, 나 역시 이해할 수 있을 만큼의 욕망을 부린다면 그것은 문제 될 것이 없습니다. 이것이야말로 불교에서 말하는 중도(中道), 중도의 실천이 아닌가 생각합니다.

결론적으로 다시 정리하여 말씀드리겠습니다.

오늘 본 주제인 성적인 탐욕이 우리 존재의 근원이요, 뿌리인 것만큼은 틀림없습니다. 하지만 우리가 늘 경계해야 할 것이 있으니, 바로 무분별한 성적 탐욕은 경계해야 합니다. 과도한 성적 탐욕은 항상 스스로 경계해야 합니다.

사회 규범을 항상 잘 따르는 것, 그것 또한 중요한 문제입니다. 그러나 그보다 더 우선은 우리가 늘 스스로 성찰해야 한다는 것입니다. 우리가 스스로 성찰하는 수행을 잘한다면, 어느 정도의 욕망은 얼마든지 이겨낼 수 있습니다.

우리는 부처님 법을 만났으니 부지런히 경전 공부하고, 부지런히 마음공부하면, 그 안에서 반드시 해결책이 나옵니다. 그러므로 우리 불자들은 반드시 공부해야 합니다. 유튜브불교대학을 통해서라도 하루에 10분, 20분이라도 공부하고 수행하면, 과도한 성적인 탐욕으로부터도 충분히 벗어날 수 있습니다.

이 공부가 잘 진행되면, 더 나아가 스스로 욕망을 객관화할 수 있게 됩니다. 욕망을 객관적으로 바라볼 수 있는 힘이 생겨납니다. 그런 힘이 생겨나면, 차차 이 윤회의 굴레마저도 벗어날 수 있습니다.

우리는 좀 힘들더라도 마음의 힘을 자꾸 길러야만 합니다. 항복기심(降伏其心), 즉 마음의 힘을 키워서 바르게 나아가는 것이 우리 인생을 진정 진리답게 하고, 더 부처님답게 가는 길이 되게 합니다.

늘 건강하시고 내일 다시 뵙겠습니다.
관세음보살

無一우학
說法大典

74
승복은 왜 회색일까?

2020. 05. 13. 세계명상센터 보은전

관세음보살. 유튜브불교대학 시청자 여러분, 반갑습니다. 오늘의 주제는 '왜 승복은 회색인가?'라는 것입니다.

승복은 왜 회색일까, 더러 이런 생각을 해 본 적이 있을 겁니다. 제게 온 질문도 그렇습니다.

"스님, 스님들은 왜 잿빛 승복을 입습니까?"

제가 고등학교 다닐 때, 회색의 양복을 입고 집에 찾아온 오촌 당숙에게 무심코 말했습니다. "당숙님, 이 옷 색깔이 참으로 멋있습니다."라고 그랬더니 당숙께서는 "이 회색이 뭐 그리 멋있노?" 그렇게 대답을 하셨습니다. 하지만 제 눈엔 그때도 그 회색이 비록 양복이었지만, 편안하면서도 깔끔하고 중후한 감이 있었습니다.

저는 그 이후로 얼마 있지 않아 출가를 했습니다. 지금 생각해 보면 회색의 옷, 잿빛 승복이 출가의 한 이유가 되지 않았나, 잿빛 승복이 좋아서 출가하지 않았는가, 싶습니다. 아마 전생부터의 습기, 전생부터 살아온 업의 흔적, 그걸 찾아서 출가하지 않았나 이런 생각도 하게 됩니다.

그렇다면, 회색에는 어떤 의미가 있을까요?

첫째, 회색은 중도(中道)의 색깔입니다.

회색은 하얀 것도 아니고 까만 것도 아니잖아요. 하얀 것에도 치우치지 않고 까만 것에도 치우치지 아니하니, 이것이 곧 중도라는 것입니다. 하얀 것도 수용하고 까만 것도 받아들이는, 그렇게 위대한 중도 철학을 회색이 가지고 있습니다.

조선시대 황희라는 정승이 있었습니다. 황희 정승은 누가 와서 뭐라 하면 이 사람 말도 맞다 하고, 그 반대되는 사람이 와서 뭐라 하면 그 사람의 말도 맞다고 했습니다. 그리고 그를 지켜보던 부인이 "왜 양쪽 모두에게 맞다고 하십니까?" 그랬더니 "그래, 그대 말도 맞네."라고 했다고 합니다.

세상에는 완벽한 선(善)도 없고, 완벽한 악(惡)도 없습니다. 즉, 흑백으로는 나눌 수 없다는 것입니다. 그러므로 황희 정승의 대답은 그 상황을 긍정적으로 수용하면서 관용을 베푸는 태도가 아니었는가 생각합니다. 즉 황희 정승의 태도는 대단히 중도적이었다고 볼 수 있습니다.

그렇습니다. 양극단, 흑백 논리로 따진다면 싸움밖에 일어나지 않습니다. 그런데 회색은 어느 한쪽을 취하는 것이 아니라, 양쪽의 색을 모두 품은 색으로써 색깔 자체가 대단히 포용성을 가지고 있습니다. 그러므로 회색은 중도의 색깔입니다. 그래서 불교에서 추구하고 강조하는 중도 사상의 색깔이 회색이라고 보시면 되겠습니다.

둘째, 회색은 공(空)의 색깔입니다.

회색은 공(空)을 나타냅니다. 말 그대로 모든 것이 원래의 자리로 돌아간 것이 바로 '잿빛'입니다. 인간이 한 세상 잘 살다가 때가 되면 가지요. 그러면 화장(火葬)을 합니다. 화장하면 한 줌의 재로 남습니다. 이 한 줌의 재가 회색입니다. 그러므로 이 회색은 공의 철학을 나타냅니다.

공이라 하는 것은 아무것도 없는 듯하지만, 아무것도 없는 것이 아니라 다시 모든 것을 창조하는 바탕이며 출발입니다. 우리 삶의 기본이 공인데, 회색의 승복은 그러한 높은 철학도 나타냅니다. 승복의 회색은 공의 철학을 잘 표현하고 있습니다.

셋째, 회색은 성숙(成熟)과 인고(忍苦)를 나타냅니다.

내가 가지고 있던 천이 어떤 색깔이든 바래고 바래고 바래고 나면 거의 다 회색으로 갑니다. 그것은 성숙과 인고의 세월을 얘기합니다. 괴로움을 참음, 즉 인고를 상징합니다. 그래서 잿빛 승복을 입으면 저절로 점잖고 전통적이 됩니다.

넷째, 회색은 겸손(謙遜)과 위엄(威嚴)을 나타냅니다.

회색은 겸손과 위엄의 뉘앙스를 지니고 있습니다. 그래서 회색 옷을 입으면 자신에 대한 믿음, 독립심이 강해집니다.

옛날에는 숯으로 물을 들여서 회색 승복을 만들었고 합니다. 그런데 요즘 와서는 먹물로써 회색빛을 냅니다. 거기에 대해서는 제가 아주 전공입니다. 후일 제가 먹물 들이는 방법에 대해서 한번 구체적으로 설명을 드리겠습니다.

아무튼, 스님들은 옛날부터 회색 옷, 먹물 옷을 많이

입었습니다. 그래서 스님들을 두고 '먹물 치(緇)' 자를 써서, '치문(緇門)'이라 이렇게 말했습니다. '불문(佛門)'이라는 말 대신에 '치문(緇門)' 이런 말도 썼습니다. 그래서 스님들이 절에 들어와서 처음 배우는 과목이 치문(緇門)이라고 하는 책입니다. 한국불교대학에서도 치문을 한 50주 동안 강의한 것이 있는데, 후일 유튜브불교대학에도 강의 영상물을 올려 드리겠습니다.

다시 정리하여 말씀드리겠습니다.

스님은 왜 회색 승복을 입는가?

첫째, 회색은 중도(中道)의 색깔이기 때문입니다.
둘째, 회색은 공(空)의 색깔이기 때문입니다.
셋째, 회색은 성숙(成熟)과 인고(忍苦)를 나타내기 때문입니다.
넷째, 회색은 겸손(謙遜)과 위엄(威嚴)의 이미지가 있기 때문입니다.

이상 네 가지 정도의 이유로 옛날부터 스님들이 회색으로 승복을 해 입어왔습니다. 요즘은 신도님들도 회색의 승복을 많이 입습니다. 그렇게 입는 것은 관계없습니다. 신도님들이 입는 것은 관계없으나 회색의 승복을 입은 만큼 늘 행동거지를 조심하고, 회색 승복을 입은 것에 대해서 양심에 거리낌이 없고 당당하다면 얼마든지 입을 수도 있습니다.

제 개인적인 생각으로는 절에 오실 때, 수행할 때, 회색의 승복을 입고 정진 하신다면 반쯤 스님이 되는 것이니, 훨씬 더 공부가 잘되고 좋으실 것입니다. 그러므로 불자님들이 혹시 좀 여유가 있다면 회색 승복을 하나 만들어 입으시는 것도 좋겠습니다. 절에 오실 때 가방 속에 넣어 와서, 법당에서 기도하거나 참선하실 때는 회색의 승복으로 갈아입고 정진한다면, 훨씬 더 공부가 잘될 것입니다. 한번 해 보시기 바랍니다.

내일 다시 뵙겠습니다.
관세음보살

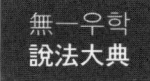

75
끈질긴 악연을 끊는 법

2020. 05. 14. 세계명상센터 보은전

관세음보살. 유튜브불교대학 시청자 여러분, 반갑습니다.

오늘은 들어온 질문에 대한 답변입니다.

"스님, 악연(惡緣)을 끊고 싶습니다. 끈질긴 악연을 끊는 법에 대해 한 말씀 부탁드립니다."

먼저 이야기를 하나 해 드리겠습니다. 흔히 쓰는 말 중에 '오비이락(烏飛梨落)' 이라는 말이 있습니다. 까마귀 날자 배 떨어진다는 뜻이지요. 그런데 이 한자성어의 원래 출처는 천태 지자 스님이라고 하는 분의 해원석결(解冤釋結) 법문에서 비롯됐다고 합니다.

해원석결(解冤釋結)이란 '원결을 풀다' 라는 뜻입니다. 즉, 원결을 푸는 법문에서 비롯된 말이 오비이락이라는 말입니다. 지금부터 이 해원석결 법문 이야기를 해 드리겠습니다.

어느 날 스님께서 토굴에서 정진하고 있는데, 산돼지 한 마리가 온몸에 화살을 맞고 마당 앞을 지나쳐 도망갔습니다. 곧이어 활과 화살을 쥔 사냥꾼이 쫓아와서는 다급하게 말합니다.

"스님, 방금 산돼지 한 마리가 이쪽으로 지나가지 않았습니까?"

천태 지자 스님께서 보니, 원결을 맺고 있었습니다. 그래서 사냥꾼에게 말했습니다.

"활을 내려놓게나."

그리고 이어, 사냥꾼에게 삼생(三生)에 걸친 악연에 대한 법문을 들려주셨는데, 거기에 '오비이락파사두(烏飛梨落破蛇頭)'라는 말이 나옵니다. 이는 까마귀가 날자 배가 떨어져서 배나무 아래에 똬리를 틀고 있던 뱀이 머리를 정통으로 맞고 그 자리에서 즉사했다는 내용입니다. 이 이야기의 내용을 대략 살펴보면 다음과 같습니다.

아주 오랜 세월 전에 까마귀가 배나무 위에서 놀다가 푸드덕 날아올랐는데, 하필이면 그 배가 떨어지면서 나무 아래에 있던 뱀의 머리를 정통으로 맞췄습니다. 그래서 뱀이 그냥 죽고 말았습니다. 그 후 많은 세월이 지나 뱀은 돼지로 태어났고, 까마귀는 꿩으로 다시 태어났습니다. 한번은 돼지가 산 중턱에서 칡을 캐 먹기 위해 땅을 발로 막 헤집었습니다. 돼지가 땅을 막 헤집다가 그만 그 옆에 있던 돌을 건드렸는데 그 돌이 데굴데굴 굴러 내려갔습니다. 그런데 그 아래에는 꿩이 알을 품고 있었습니다. 그리고 하필 돼지가 잘못 건드린 돌이 굴러 내려와서는 그 꿩을 치고 말았습니다. 그래서 이번에는 꿩이 그 자리에서 즉사했습니다.

또 시간이 많이 흘러 돼지는 여전히 돼지로 살고 있었고, 돌에 맞아 죽은 꿩은 사람으로 태어났습니다. 그리고 그 사람은 사냥꾼이 되었습니다. 따라서 사냥꾼이 멧돼지를 쫓고 있던 그 상황은 전생의 원수를 갚기 위한 것이었습니다. 그리고 그러한 전생을 천태 지자 스님께서 다 관(觀) 해 보시고는 말씀하신 것입니다.

"너희들의 상황이 이러이러하니, 이제 활을 내려놓게나."

이렇게 아주 강하게 말씀하셨습니다. 그 말을 들은 사냥꾼은 그제야 크게 느끼는 바가 있어서 활을 내려놓았다고 합니다.

활을 내려놓았다고 했습니다. 활만 내려놓은 것이 아니라 마음도 다 내려놓았겠지요. 이렇게 마음을 내려놓

絶緣莫顧, 인연을 끊고 돌아보지도 말라

는 것을 방하착(放下著)이라고 합니다. '이것은 악연이다' 싶으면, 더 이상 악연을 반복하지 말아야 합니다. 만약 악연을 계속 반복하면 계속 피곤해집니다. 원수를 갚고, 당하고, 얼마나 힘든 일이 되겠습니까? 따라서 끈질긴 악연을 끊는 법은 그 자리에서 모든 것을 다 내려놓는 것이 상책입니다.

여기서 대충 오늘의 이야기를 마쳐도 됩니다마는, 제가 조금 더 덧붙여 말씀을 드리겠습니다.

우리는 무엇을 악연이라 할까요? 만나면 괜히 피곤하다거나, 싸우게 된다거나, 꼴 보기 싫어진다거나 하는 경우가 악연입니다. 왜 그런가? 상대가 아주 무례할 때, 또 의리라고는 손톱 반만큼도 없는 사람들을 대할 때 그렇습니다. 또 은혜를 지고도 모르는 사람, 심지어 도와주면 계속 더 바라는 사람도 그렇습니다. 그리고 턱없이 갈구는 사람들이 있는데, 이런 사람들과의 인연을 악연이라고 할 수 있습니다.

그렇다면 이런 악연이 가족 간에 구성되어 있다면 어떻게 해야 할까요? 만나지 않을 수는 없는 가족, 친족이 악연으로 엮여 있다면 어떻게 해야 할까요? 그런 경우에는 준 것은 아주 깨끗이 잊어버려야 합니다. 준 것이 마음이든 물질이든, 내가 준 것은 깨끗이 잊고 앞으로는 더 이상 거래를 하지 말아야 합니다. 아주 기본만 하면 됩니다. 가족이나 친척이니 기본만 하되, 모두 다 내려놓으면 됩니다.

그리고 굳이 만나지 않아도 될 사람이 악연이라면 그것은 어떻게 해야 할까요? 그런 경우는 당연히 더 이상 나의 마음이 상하지 않도록, 그 인연을 끊어버리면 됩니다. 내가 전에 준 것들은 모두 잊고, 앞으로는 더 이상 인연을 맺지 말아야 합니다.

제가 만든 말 중에 '절연막고(絕緣莫顧)'라는 것이 있습니다. 절연(絕緣) 인연을 끊고, 막고(莫顧) 돌아보지도 말라는 뜻입니다. 우리가 살아감에 있어서, 너덜너덜하게 많이 붙어 있다 해서 좋은 게 아닙니다. 너덜너덜 많이 달고 있어서 좋은 일이 아니니 정리할 것은 정리해버리는 것, 그것이 바로 악연을 끊고 정리하는 일입니다.

그렇다면 인연을 끊고 난 이후에 더 이상 그 인연에

미련 갖지 않고, 더 이상 가족이나 친척들에게 집착하지 않으려면 어떻게 해야 할까요? 마음을 다잡아야 하는 것은 말할 것도 없고요. 또 다른 매듭을 짓지 않도록 '해원결진언(解怨結眞言)'을 외우십시오. 해원결진언은 원결을 푸는 진언으로, '옴 삼다락 가닥 사바하'입니다. 이 해원결진언을 하루 일곱 번씩, 21일간 외우십시오. 그리고 거기서 모든 것을 끝내야 합니다. 이 해원결진언을 하루 일곱 번씩 21일 외우는 것으로 다시는 원결을 맺지 않는 것으로 생각하고, 거기서 끝내라는 것입니다.

그러면서 미워하는 마음 자체도 끊어버려야 합니다. 미워하면 미워함 그것이 카르마(Karma), 즉 업(業)이 되어 이생에서도 연결되고, 다음 생에도 또 연결됩니다. 미워하는 마음 자체를 다 버리십시오. 증오심을 내는 대신에 오히려 좋게 생각해야 합니다. '마음공부 한번 잘했다. 그 사람은 내 마음공부를 도와주는 선지식이었다'라고 생각하면서, 이미지를 조금이나마 좋게 한 상태에서 싹 잊어버리십시오. 좋았던 추억 자체도 절대로 떠올리면 안 됩니다. 좋았던 것조차 다 잊어버리십시오. 그렇게 하면 끈질긴 악연을 끊는 일이 될 것입니다.

어떤 사람은 "스님, 교화를 할 수 있다면 교화하는 것이 좋지 않겠습니까?"라고 합니다. 하지만 사람의 천성을 바꾸는 일은 정말 대단히 어렵습니다. 사람의 천성이라는 것은 매일 절에 나가서 스스로 30년 동안 수행을 해도 고쳐질까 말까 한 것입니다. 30년을 매일 절에 나가서 스스로 마음 수행해서 그 마음이 고쳐진다면 다행인데, 그것도 잘되지 않습니다. 그러므로 생각을 잘해 보셔야 합니다.

'저 사람하고는 진짜 악연이다'라는 생각이 들 때는 제가 말씀드렸던 것을 참고해서 결행해야만 합니다. 괜히 끄달려 다니면서 마음고생하지 말고, 차라리 그런 인연은 정리하고 새로운 인연으로 가는 것이 좋습니다.

만약 같이 갈 자가 없다면, 그냥 홀로 가면 됩니다. 그런 마음으로 살아가시기 바랍니다. 늘 부처님 법에 의지하고, 부처님 법대로 수행하기에도 시간이 모자랍니다. 쓸데없는 인연 자꾸 붙여서 억지로 자꾸 끌고 가지 말고, 그냥 부처님 법에 의지하고, 스님들 법문 듣기 좋아하고,

마음공부하고, 유튜브불교대학 들어와서 공부하고 수행하며 살기에도 시간이 모자랍니다. 그러니 쓸데없는 인연들에 끄달리지 마시고, 좋은 인연들로 삶을 아름답게 영위해 나가셨으면 좋겠습니다.

주위에 부처님 법이 많이 보급되도록 포교 많이 하시면서, 좋은 인연들을 많이 맺으며 살아가시기 바랍니다.

내일 다시 뵙겠습니다.
관세음보살

無一우학
說法大典

76
극락은 실재한다

2020. 05. 15. 세계명상센터 보은전

 관세음보살. 유튜브불교대학 시청자 여러분, 반갑습니다. 오늘은 '극락은 실재한다' 라는 제목으로 말씀을 드리겠습니다.

대부분 우리 불자들은 극락(極樂)이란 말을 곧잘 하면서도, '과연 극락세계가 있을까? 라고 반신반의하는 경우가 많습니다. 제가 단언하건대 극락세계는 분명히 있습니다. 우선, 이 극락세계는 어떤 곳인가, 그것부터 살펴보겠습니다.

극락세계를 직접적으로 설하고 있는 경은 아미타경(阿彌陀經)입니다. 아미타경에서는 '극락세계는 일체 고통이 없고 오직 즐거움만 있다' 라고 합니다. 이를 한문으로 말하면, '무유중고(無有衆苦) 단수제락(但受諸樂)' 입니다. 분명히 존재하는 극락세계에는 고통은 없고 즐거움만 있다고 합니다. 그래서 이름하여 극락이라고 말하고 있습니다. 또한, 아미타 부처님께서 항상 설법하고 계시며, 지구 사람들이 진귀하다고 하는 온갖 보물들로 가득 차 있는 곳이 바로 극락세계라고 설해져 있습니다. 이러한 극락세계는 서쪽으로 십만 억 국토를 지나가면 존재한다고 합니다. 십만 억 국토를 현재의 숫자 개념으로 생각하자면, 1경(京)에 해당하는 숫자 정도로 보시면 됩니다.

우리는 부처님 말씀, 경(經)을 철저히 따르고 믿는 정법(正法) 불자로서 경에서 '극락세계는 있다' 라고 했으므로, 그것을 그대로 믿는 것이 당연한 도리입니다. 하지만 극락세계가 존재한다는 것을 좀 더 과학적으로 추정해 볼 수는 없을까요? 지금부터는 과학적인 측면에서 극락세계의 존재를 추정해 보겠습니다.

먼저, 소위 말하는 '슈퍼 지구의 존재는 증명이 되는가?' 하는 점을 생각해 보아야 합니다. 슈퍼 지구란 우리 지구처럼 생명체가 살고 있는 또 다른 행성을 말합니다. 만일 그러한 슈퍼 지구가 있다면, 극락이 있다는 점에 있어서 하나의 중요한 단서가 됩니다. 지구 이외에도 어떤 생명체가 살 수 있는 공간이 있다면, 극락세계도 당연히 있을 수 있지 않겠습니까?

스위스 제네바 대학의 미셸 메이어 박사가 이끄는 연구팀이 2011년 발표한 바에 따르면, 그들이 천체 망원경을 통해서 발견한 슈퍼 지구가 16개라고 합니다. 그 후로도 생명체가 있는 행성으로 추정되는 별들이 엄청나게 많이 발견되었다고 했습니다. 그래서 일부 학자들은 '생명체가 있는 행성, 슈퍼 지구가 수백억 개는 될 것이다'라고 말하기도 합니다.

이러한 슈퍼 지구가 존재하니 극락세계도 존재할 가능성이 매우 높습니다. 이것이 첫 번째 과학적 추론입니다.

둘째, 외계 생명체가 보내는 전파를 수신했다는 기록들이 아주 많습니다. 이를 통해 외계 생명체는 분명히 있다고 보는 것입니다.

셋째, 이미 외계인이 존재했다는 증거가 세계 각 곳의 고대 유물에서 발견되고 있습니다. 고대(古代)부터도 외계인이 존재했다는 것이지요. 그 증거들을 살펴보면, 모두 하나같이 외계인이 한 것이라고 볼 수밖에 없을 만큼 아주 미스테리하다고 합니다.

넷째, 지난 4월 27일(2020년), 미국 국방부에서 우리가 말하는 UFO, 즉 미확인 비행물체의 비행 모습을 담은 동영상 3편을 전격 공개했습니다. 아마 이미 뉴스를 통해서 다 보셨을 것입니다.

이처럼 여러 과학적인 증거들을 보더라도, 인간의 지능지수와 기술을 훨씬 뛰어넘는 외계행성이 있다는 것은 분명한 사실입니다. 그러므로 그중에는 극락세계도 반드시 존재할 것입니다.

우주는 넓고도 넓습니다. 우리 불교에서는 우주의 크기를 무한대로 보고, 우주를 표현할 때 삼천대천세계라고 합니다. 이 삼천대천세계가 어떻게 해서 나오는 것인지, 어느 정도의 숫자를 말하는 것인지 간단하게 설명해 드리겠습니다.

먼저, 지구별 하나 곱하기 1000을 1소천세계(小千世界)라고 합니다. 그리고 1소천세계 곱하기 1000을 1중천세계(中千世界)라고 합니다. 다시 1중천세계 곱하기 1000을 1대천세계(大千世界)라고 합니다. 그래서 1대천세계가 3000개 모인 것, 그것이 삼천대천세계인 것입니다.

그래서 불교에서 우주를 말할 때, '삼천대천세계가

시방 미진수로 많은 곳'이라고 말합니다. 또한 우주를 '항하사수(恒河沙數) 세계', '항하사수만큼 많은 세계'라고도 말합니다. 이때의 항하사(恒河沙)라고 하는 것은 갠지스강의 모래알을 말합니다. 갠지스강은 그 길이만 2500킬로미터입니다. 하구 폭이 넓은 곳은 40킬로미터가 넘는 곳도 있다고 합니다. 그 넓고 긴 강바닥의 모래 숫자를 어찌 셀 수 있겠습니까? 셀 수가 없습니다. 그냥 무한대이지요. 그 셀 수 없는 모래를 항하사라고 하고, 경전에서는 우주가 얼마나 넓은지를 말할 때 이 항하사를 이용하여 '시방 항하사수 세계' 이렇게 말하고 있습니다. 즉, 우리 부처님께서는 경전에서 "이 세상은 무한대이다. 그리고 이 무한대의 세계 안에는 극락세계가 존재한다." 이렇게 말씀하고 계신 것입니다.

현재의 학자들도 은하계 말고도 다른 은하계가 수백억 개 있을 것이라고 추정합니다. 이 말인즉, 우리 눈에 보이는 세상만 해도 끝이 없는데, 눈에 보이지 않는 세상도 엄청나게 많다는 것입니다. 따라서 우리는 부처님께서 말씀하신 극락세계가 어디엔가 분명히 있다고 봐야

만 합니다.

우리 인간들의 세계도 보면, 아프리카에 사는 사람들의 수준이 다르고, 아시아에 사는 사람들의 수준이 다르고, 미국이나 유럽 지역의 사람들이 사는 수준이 다 다릅니다. 그와 같이 이 광활한 우주 허공에는 지구인보다도 훨씬 더 복덕이 수승하고, 지혜가 확 터진 존재가 있다고 생각하는 것이 합리적인 추론입니다.

제가 다시 정리합니다. 극락세계는 분명히 존재합니다. 왜냐하면 첫째, 우주의 실상을 다 깨달으시고, 천안통 육신통이 자재하신 부처님께서 말씀하셨기 때문에 믿어야 합니다. 둘째, 현대 과학이 우리 인간들보다 훨씬 더 수승한 존재들이 있다고 추정하고 있고, 분명히 말하고 있기 때문입니다. 그러므로 저는 그중에는 분명히 극락세계가 존재한다고 이렇게 단언합니다. 우리 모두 극락세계에서 한번 뵙기를 진심으로 바랍니다.

내일은 '어떻게 하면 극락세계에 태어날 수 있는가?'에 대해 이어서 말씀드리겠습니다.

 내일 다시 뵙겠습니다.
관세음보살

無―우학
說法大典

77
극락세계에 태어나려면

2020. 05. 16. 세계명상센터 보은전

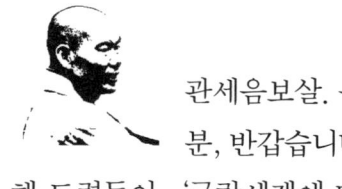 관세음보살. 유튜브불교대학 시청자 여러분, 반갑습니다. 오늘은 지난 시간에 예고해 드렸듯이, '극락세계에 태어나려면' 이라는 제목으로 말씀드리겠습니다.

제가 극락세계는 분명히 있다고 말씀드렸습니다. 스님들이 하는 천도 염불에 '원왕생(願往生) 원왕생(願往生)' 이라는 부분이 있습니다. 원왕생이란 '원컨대, 가서 나지이다' 라는 뜻입니다. 그렇다면 어디로 가서 나는가? 바로 왕생극락, 즉 극락세계에 가서 난다는 말입니다.

이처럼, 우리보다 앞서 계셨던 많은 선지식들, 특히 삼계도사(三界導師)이신 우리 석가모니 부처님께서 아주 자세히 극락세계에 대해서 말씀을 해 놓음에도 불구하고, 업장이 두터운 중생들은 이것을 믿지 않으려는 속성이 많은 것이 사실입니다.

우리는 유심정토(唯心淨土), 즉 마음이 곧 극락이라는 말을 많이 합니다. 이런 말은 누구나 다 할 줄 압니다. "마음이 극락이지!" 쉽게 그렇게 말을 합니다. 하지만, 그렇다고 해서 실재의 극락세계를 부정할 필요는 없습니다. 그리고 '차방정토(此方淨土), 즉 이 세상을 정토(淨土) 세계로 만들어야 한다' 또는 '이 세계를 극락세계로 만들자'라는 말도 많이 하는데, 이런 말은 누구나 다 할 줄 압니다. 하지만 그렇다고 해서 타방 극락세계의 존재를 부정할 필요는 없습니다. 즉, 저 멀리 다른 별나라 극락세계가 있다는 그 사실마저 부정할 필요는 없다는 것입니다. 또 부정해서는 안 되는 것이고요. 분명히 십만 억 국토를 지나서 극락이 있습니다.

그런데 그 극락세계로 가는 길은 '순간'입니다. '너무 멀어, 그곳에 도달하지 못하면 어떻게 하나?' 그렇게 염려할 필요는 없다는 말입니다. 마음이나 영식(靈識)의 작용은 순간 이동입니다.

자, 그렇다면 이제 오늘의 본론으로 들어가 보겠습니다.

극락세계에 가려면 어떻게 해야 할까요?

먼저 극락세계에 가려면, 대전제가 있습니다. 일단 믿어야 합니다. 극락세계가 있다는 것을 굳게 믿어야 극락세계에 갈 수 있습니다. 이를 전제로 한 뒤, 이제 한 세 가지 정도 말씀드리겠습니다.

첫째, 늘 부처님 삼매에 들어야 합니다.

자나 깨나 부처님 명호를 놓치지 않고 외워야 합니다. 극락세계의 주불이신 아미타 부처님을 외우셔도 좋고요. 꼭 아미타불이 아니더라도 본인이 평소에 외우는 부처님이 계신다면, 그 부처님 명호를 항상 놓치지 않고 외우셔야 합니다. 저는 주로 관세음보살 삼매에 듭니다. 자기 전에 관세음보살 명호를 외우면서 잠이 듭니다.

잠은 어쩌면 죽는 연습과도 같습니다. 잠드는 순간은 어찌 보면 임종 순간과 똑같습니다. 이 수련이 잘 되면 정말 죽음이 닥쳤을 때, 조용히 관세음보살 명호를 외우면서 돌아가실 수가 있습니다.

저는 평생 살면서 그런 분들을 딱 두 번 봤습니다. 두 분의 신도님께서 임종 시에, 정말 관세음보살을 외우면서 편안하게, 정말 잠자듯이 그렇게 가셨습니다. 그런 분들은 분명히 극락에 갑니다. 왜냐하면 그분들은 관세음보살 삼매에 드셨고, 관세음보살 삼매에 드신 그대로 숨을 거두셨기 때문에 그렇습니다.

둘째, 적선(積善), 즉 착한 일을 많이 해야 합니다.

우리 주변에는 좋은 일을 많이 하는 사람들이 있습니다. 흔히 말하는 적선을 많이 하는, 온갖 좋은 일을 많이 하는 그런 분들이 계십니다. 그것이 물질이든 육체적인 것이든 간에, 사람에게 또는 동물에게 좋은 일 많이 하신 분들은 다 대보살입니다. 대보살은 반드시 극락 갑니다.

셋째, 절 일에 적극 동참하고, 부처님 일을 함에 항상 성의껏 열심히 해야 합니다.

성의껏 봉사하고 불사하는 분들이 많습니다. 항상 절 일을 내 일처럼 아끼고 생각하며, 부처님 일이라면 두 팔 걷어붙여서 일하는 분들이 많습니다. 늘 노심초사하며 불사에 동참하며, 늘 걱정하는 분들이 참 많습니다. 이것은 '부처님과 나는 하나', '절과 나는 하나'라는 마음을 갖고 열심히 하는 불자들이 많다는 말입니다. 그런 분들은 늘 절 일에 긍정적으로 참여하면서 불사 공덕을 많이 짓습니다. 그래서 그분들은 늘 부처님 세계에 있었기 때문에, 업력(業力)의 관성이라는 속성에서 보더라도 반드시 부처님께서 계시는 세계로 갈 수밖에 없습니다. 부처님 일을 많이 함으로써 내 몸과 마음이 이미 부처님이 되어 있으므로 자연히 극락세계로 갈 수밖에 없습니다.

이 세 가지를 요약해서 단 한마디로 말하면, '계(戒)·정(定)·혜(慧) 삼학(三學)을 잘 닦으면 극락에 간다' 이 말입니다. 계(戒)·정(定)·혜(慧)에 대해서는 후일에 또 더 말씀을 드리도록 하겠습니다(1).

원효 스님께서는 극락세계로 가는 이치를 '감응도교(感應道交)'라고 말씀하셨습니다. 감응도교가 무슨 말인가 하면, 아미타불의 본원력, 즉 부처님의 본원력(本願力)과 본인의 발원력(發願力)이 조화가 되어 완전히 딱 하나가 되면, 일내는 겁니다. 다시 말해서, 극락세계에 태어날 수밖에 없는 사람은 아미타불의 본원력과 본인의 발원력이 딱 합치됨으로써 극락세계에 태어난다는 말입니다.

이를 두고 저는 '자타합력(自他合力)'이라는 말을 씁니다. 이는 제가 만든 말입니다. 불교를 단 한마디로 정리하자면, '자타합력교(自他合力敎)'라고 정의 내릴 수 있습니다. 어떤 사람은 자력(自力)만을 얘기합니다. 또 어떤 사람들은 타력(他力)만 얘기합니다. 하지만 그것은 그렇지가 않습니다. 우리는 부처님의 본원력을 타력이라고 하고, 불자 한 사람 한 사람의 발원력을 자력이라고 합니다. 본원력인 타력과 자기 발원력인 자력이 잘 조화된 힘, 즉 자타합력(自他合力)의 힘이 우리에게는 있어야 합니다. 자타합력의 힘, 이것이야말로 극락세계로 가는 단초(端初)이자 극락세계로 가는 이치, 이론 중 하나입니다 그래서 재차 말씀드리면 부처님과 나, 부처님의 본원력과 나의 발원력이 잘 조화가 되면 반드시 극락세계에 날 수 있습니다.

극락으로 가는 데 있어서 꼭 해야 할 일에 대해서 좀 더 말씀드리면, 제일 중요한 순간은 임종의 순간입니다. 임종 순간, 마지막까지 부처님의 명호를 부르는 것이 중요합니다. 그러므로 임종이 가까운 분이 있다면 그분 곁에서 계속 아미타불을 부르는 것이 좋습니다. 혹시 임종을 기다리는 분이 평소 아미타불이 아니라 다른 부처님을 불렀다면 그분이 평소 외우던 부처님의 명호로 외우시면 됩니다. 예를 들어, 늘 관세음보살 불렀다면 관세음보살님을 부르시면 되고, 늘 지장보살 불렀다면 지장보살님을 부르시면 됩니다. 만약 평소에 늘 약사여래불을 불렀다면 약사여래불을 부르시면 되는 것입니다.

아무튼, 임종을 맞는 분이 평소에 외우며 기도했던 그 부처님 이름을 옆에서 시중드는 사람이 같이 외워줘야 합니다. 그 부처님 이름을 계속해서 소리를 내어 귀에다 대고 해 주어야 합니다. 만약 그분이 염주를 들 수 있다면, 염주도 손에 쥐게 한 뒤에 부처님의 명호를 지극정성 부를 수 있도록 도와줘야 합니다.

그렇게 해서 임종하게 되면, 절과 긴밀히 연락해서 반드시 49재를 잘 봉행할 수 있도록 하십시오. 고인에게 49일은 이제 마지막 기회입니다. 그 49일 동안 스님들의 법문을 들으며 본인이 참회할 것은 참회하여 좋은 데 나시도록 여건을 만들어드리는 것이 후손들의 남은 역할입니다. 그러한 여건을 만드는 기간이 49일이고, 그것이 49재입니다.

어떤 분들은 49재를 부정적으로 얘기하기도 합니다. 하지만 눈에 보이지 않는 영혼의 세계는 분명히 있습니다. 중생들은 업이 두터워서 잘 믿지 않으려고 하는 경향이 많지만, 그런 세계는 분명히 있습니다. 우리가 인식하고 있는 세계는 극히 단편적이고 극히 제한적입니다. 보지 못하는 세상은 훨씬 더 많고 넓습니다. 그중 하나가 영혼의 세상입니다. 그러니 49재를 소홀히 해서는 안 되겠습니다. 돌아가신 뒤 49일 동안 열심히 금강경 외우시고 지극정성 기도를 해 주시면 좋겠습니다. 재차 강조하여 말씀드리지만, 49재는 반드시 지내기 바랍니다(2). 49재의 전체 내용이 '어떻게 하면 극락으로 모셔갈까?', '극락으로 안내해 드릴까?' 거기에 대한 법문입니다. 그래서 49재 의식이 대단히 중요한 것입니다.

우리는 모두 극락세계를 그리워해야 하겠습니다. 집착할 것은 없지만, 극락세계는 늘 그리워해야 할 땅이라는 것을 생각하며 열심히 정진하면서 살아야겠습니다.

 내일 다시 뵙겠습니다.
관세음보살

| 참고하시면 좋은 법문 |

(1) 불자가 반드시 배우고 익혀야 할 세 가지(설법대전 10)
(2) 49재는 지내야 하는가(1, 2) (설법대전 3)

78
영혼결혼식은 정신없는 짓이다

2020. 05. 17. 세계명상센터 보은전

 관세음보살. 유튜브불교대학 시청자 여러분, 반갑습니다. 오늘은 주제가 좀 특별합니다. '영혼결혼식에 대하여' 입니다.

제가 출가 전에 무당이 주재하는 영혼결혼식을 본 적이 있습니다. 영혼결혼식의 형식은 마치 산 사람이 전통 혼례를 하듯이 하였습니다. 간단하게 말씀드리자면, 우선 거래 선언을 하고 신랑 신부 입장을 시켰습니다. 이때 신랑 신부는 모형으로 만들어서 가까운 친척이 그것을 들고 사회자가 지시하는 대로 몸짓을 합니다. 물론 음식도 차려놓고, 합환주 교환도 했습니다. 또한 마주 보고 서로 맞절도 했습니다. 그리고 마지막으로 아주 중요한 행사가 있었습니다. 그것은 색동 한복을 아주 잘 입힌 신랑 신부 모형 인형을 병풍 뒤에 잘 눕혀 놓고, 그 위에 이불을 덮어 주는 것이었습니다.

대략 이렇게 하는 것이 옛날부터 무속인들이 하는 영혼결혼식의 전형적인 패턴입니다. 그 가족들은 이런 행사를 통해서 '청춘에 죽은 처녀, 총각을 위로했다', '처녀 총각을 내가 다 책임졌다' 라고 생각들을 하시는 것

같았습니다. 옛날 부모님들은 결혼하지 못하는 처녀, 총각에 대해서 아주 안타까운 마음이 많았던 것 같습니다. 지금 생각해 보면 아무것도 아닌데 그렇습니다. 지금은 많은 처녀, 총각들이 일부러 결혼을 안 하고도 잘 살고 있습니다. 하지만 옛날에는 억지로 결혼하려고 해도 못하다가 불의의 사고로 죽으면 그를 위해 영혼결혼식 하는 것이 조금의 위로가 될 수는 있었겠지요.

요즘은 처녀, 총각으로 늙어가는 사람이 많습니다. 그 사람들이 나중에 죽게 되면 그들은 처녀, 총각으로 죽는 것이지요. 그러면 그 사람들에 대해서 안타깝게 생각할 이유가 있느냐, 안타깝게 생각할 이유가 전혀 없습니다. 왜냐하면 그 사람은 혼자 사는 것이 너무 좋고 편하고 떳떳했는데, 굳이 부모가 나서서 그것도 그들이 죽은 뒤에 영혼결혼식을 올린다는 것은 말이 안 되는 것입니다. 부모가 아니더라도 형제나 조카가 나서서 '처녀, 총각으로 죽었으니, 영혼결혼식을 해 줘야 한다' 라고 말한다면, 어떤 면에서는 아주 어처구니없는 그런 짓이라고 볼 수도 있습니다.

영혼결혼식을 해 주어야 한다고 하는 그 생각은 부모나 가까이 있는 친척들의 고정관념일 뿐입니다. '처녀, 총각으로 죽으면 안 되는데', '처녀, 총각으로 죽으면 영혼결혼식 해 줘야 한다' 라는 것은 수십 년 살면서 고착화된 인식일 뿐이라는 말입니다.

제가 영혼결혼식에 대해서 주제를 잡고 이렇게 말씀드리는 것은, 요즘 세상에도 가끔씩 연세 많으신 어른들이 찾아와서 일찍 죽은 아들딸을 얘기하면서 '영혼결혼식이라도 올려주고 싶다. 그것이 늘 마음에 남는다' 이렇게 상담을 해 오는 분이 많기 때문입니다.

그런데 한번 생각해 보십시오. 혼인을 한다고 하면, 당사자들끼리 만나서 "좋으냐?", "좋다!" 하고 둘이 합의가 되어야 합니다. 그런데 영혼들은 그런 합의를 하지 않았어요. 부모 또는 친척들끼리, 즉 산 사람끼리 그냥 알아서 맞춘 겁니다. 영혼들에게 의사(意思)라는 것이 있을 리도 없지만, 백만 분의 일이라도 영혼이 있어서 영혼결혼식이라는 것을 한다면 자기들의 뜻이 전혀 반영되지 않은 결혼이잖아요. 그러니까 그 결혼은 의미가 없는 것입니다. 즉, 결혼식 자체가 성립이 안 되는 것을 가지고 영혼결혼식 한다고 말하는 것입니다. 결혼식을 시키고자 하는 부모나 친척 자신이 위로받자고 영혼결혼식을 한다고 볼 수도 있습니다.

만약 영혼결혼식을 시켜 주려는 이가 자기 자식이라면 자기 자식을 애욕의 그물에 던져 넣는 것입니다. 애욕의 그물에 던져 넣을 이유가 없습니다. 이미 그 사람은 죽었어요. 영혼입니다. 이미 딴 몸으로 윤회했을 가능성도 많습니다.

결론적으로 말씀드리겠습니다. 영혼결혼식은 영혼끼리 결혼을 한다는 것인데, 이 자체가 터무니없거니와 백만 분의 일의 신빙성이 있다 하더라도 그것은 영가에게 오히려 속박이 되고, 오히려 애욕의 그물이 될 뿐입니다. 훨훨 자유롭게 갈 수 있는 길을 영가에게 마련해 주어야 합니다. 안 그래도 일찍 죽어서 애달픈데, 왜 더 큰 고통으로 살도록 애욕의 그물에 가두느냐 그 말입니다.

청춘에 애달프게 죽은 영혼이 있다면, 영혼결혼식 할 정성으로 특별천도재를 지내 드려야 합니다. 특별천도재를 잘 지내주면 홀가분할 겁니다. 죽은 영혼이 아버지가 됐든, 어머니가 됐든, 형제가 됐든, 홀가분할 겁니다. 그러므로 세상의 모든 집착을 끊고, 훨훨 자유로운 영혼, 자유로운 영식(靈識)으로 자기의 인연 따라갈 수 있도록 하는 천도재를 지내줘야 합니다.

이 방송을 스님들도 많이 듣고 있는 것 같습니다. 혹시 스님들에게 신도님들이 영혼결혼식에 대해서 문의를 해오거나 부탁을 한다면, 반드시 오늘 이 이야기를 간접적으로 해 주시기 바랍니다.

"영혼결혼식, 이것은 기본적으로 아주 허무맹랑한 것이다. 만약 영혼이 아직 윤회하지 못하고 있다면, 오히려 애착의 그물, 애욕의 그물에 가두어서 더 비참한 존재로 만들고 마는 것일 뿐이다."

이렇게 재자(齋者)들에게 반드시 얘기해서, 영혼결혼식이 아니라 천도재를 할 수 있도록 이끌어주시기 바랍니다. 남자 여자, 처녀 총각 별도로 천도재를 지내야 합니다. 천도재를 지내는 것도 한날한시에 하면 안 됩니다. 각각 별도로 날을 새로 잡아서, 정성껏 천도재를 지내주도록 해 주시기 바랍니다. 이건 제가 특별히 스님들께 부탁드리는 것입니다.

신도님들 중에서 '영혼결혼식을 시켜야 하지 않을까?' 하는 생각을 했던 분들도 이제는 미련을 싹 버리시고, 반드시 다니는 사찰에 얘기해서 특별천도재를 올려 주시기를 바랍니다. 그리고 49일 정도 날 잡아서 매일 금강경 독송하시면 좋습니다.

금강경(金剛經)은 그 대의(大義)가 '파이집(破二執) 현삼공(顯三空)'이라 해서, 아집(我執)·법집(法執)의 집착을 버리도록 하는 경(經)입니다. 이미 죽은 영가, 특히 처녀 총각으로 죽었다면 집착이 있다고 간주하고 계속 그런 행사를 하는 것입니다. 만약 집착이 있다면 집착을 끊도록 하는 일이 중요한 것입니다. 애욕의 그물에 갇혀서 꼼짝달싹 못 하게 더 집착하고 애착하게 하여, 삶이 더욱 힘들게 해서는 안 된다는 말입니다. 그러므로 금강경으로써 수행해야 합니다.

49일 날 잡아서 금강경 독송하고 금강경 사경하고, 절에서 특별천도재를 지내 드리면 그것으로 다 끝날 것입니다. 백중이나 지장재일에 올리셔도 되는데, 그것은 누구나 다 하는 기도입니다. 영혼결혼식을 할 정도로 영가에 미련이 있다면 그것으로는 안 되니, 특별천도재를 한 번 하십시오. 그렇게 천도재를 잘해 드리면, 훨훨 자유의 영혼이 되어서 갈 길을 다 가게 될 것입니다. 갈 존재는 가줘야 산 사람도 편안합니다.

 건강하시고 내일 다시 뵙겠습니다.
관세음보살

79
예수재(豫修齋)란 무엇인가?

2020. 05. 18. 세계명상센터 보은전

 관세음보살. 유튜브불교대학 시청자 여러분, 반갑습니다. 오늘은 '예수재(豫修齋)'에 대해서 말씀드리겠습니다.

예수재, 한 번쯤 들어는 보셨지요? 제가 쉽고 간단하게 말씀을 드리겠습니다.

예수재(豫修齋)는 '생전예수재(生前豫修齋)'를 말합니다. 즉, 미리 닦는 재(齋)의식입니다. '미리 닦는다' 라는 것은 죽기 전에 살아있으면서 본인이 본인 천도재를 직접 지내는 것을 말합니다. 아주 특별한 의식입니다.

한번은 어느 절에서 '예수재를 봉행합니다', '예수재 지냅니다' 라고 현수막을 걸어 놓았더니, 교회 사람들이 와서는 "예수의 제사를 왜 너희들이 지내느냐?"라며 소란을 피운 경우도 있었다고 합니다. 웃지 못할 그런 사연도 있는 재(齋)가 예수재입니다. 예수(豫修)의 한자를 보면 '미리 예(豫)' 자, '닦을 수(修)' 자입니다. 늘 한문을 같이 표기하는데, 한자를 잘 모르고 불교의 이런 특별한 의식을 잘 모르니, 그런 웃지 못할 에피소드가 생기게 된 것입니다. 기독교가 우리나라에 들어오기 전에도 예수재는 있었습니다. 그들이 사실을 모르니 그렇게 어리석은 짓을 하는 거지요.

예수재는 음력으로 윤달에 이루어집니다. 윤달이 든 해, 윤달에 주로 예수재가 이루어집니다. 윤달은 '공달'이라고도 말합니다. 또는 덤으로 있다고 해서 '덤달'이라고도 합니다. 한 달이 더 있는 것이지요. 그래서 공달, 덤달이라고도 말합니다.

이렇게 윤달이라는 달이 공짜로 들어왔으니, 이때는 뭐든지 해도 괜찮다는 민간 신앙이 우리에게는 있습니다. 그래서 윤달에는 묘 이장도 많이 합니다. 묘를 개장해서 화장을 한 뒤 새로 납골당에 모시는 사람도 있습니다. 또 수의(壽衣)를 만들어 놓기도 합니다. 절에서는 가사(袈裟) 불사도 하고, 예수재도 봉행합니다.

윤달에 절에서 행해지는 가장 대표적인 행사가 예수재 봉행입니다. 윤달에 예수재를 하게 된 것은 '한 달이 공짜로 덤으로 들어왔으니 놀자'라는 마음이 아니라, '한 달이 공짜로 들어왔으니, 이 시간을 허비하지 말고 사후에 갈 길을 생각해서 업장도 녹이고 공덕도 짓는 천도재를 지내보자'라고 하는 긍정적이고 진취적인 발상에서 시작한 것입니다. 살아서 재를 지내는 것이므로 '산재'라 말하기도 합니다 멀쩡히 살아 있으면서 죽은 것을 가정하고 재를 지낸다는 것은 아주 아이러니한 발상이요, 선조들의 기발한 지혜가 아닌가 싶습니다.

요즘은 웰-다잉(Well-Dying)에 대한 관심도 높습니다. 한국불교대학 감포도량에는 '웰다잉 체험장'이 있습니다. 아무튼, 잘 죽는 법을 훈련 하는 것이 바로 예수재라고 볼 수도 있습니다. 살아 있으면서도 다음 생으로 지고 갈 업을 생각하면서 예수재 기도를 하는 정도라면, 그런 분들은 정말 큰 나쁜 업을 짓지 않고 바르게 살려고 노력하지 않겠는가 생각합니다. 다음 생을 생각하면서 예수재까지 지내는 사람이 그렇게 모질고 나쁜 업을 지을 수는 없겠지요. 또 그러한 분들은 되도록 선업(善業)을 짓고, 세상을 착하게 살려고 노력할 것입니다. 예수재가 우리들에게 긍정적으로 미치는 것이 있다면, 이 또한 예수재를 지내는 하나의 공덕이 될 수 있는 겁니다.

아무튼, 예수재는 멀쩡히 살아있는 사람의 이름을 위

패에 써서 단에 올려두거나 붙여 놓고, 돌아가신 분의 재를 지내듯이 재를 지냅니다. 전생에 진 빚을 잘 생각해서 경전 숫자와 지전, 즉 종이돈을 다 계산해서 함께 올려놓고 재를 잘 지냅니다. 그리고 회향할 때 그것들을 전부 다 불사릅니다. 한국불교대학의 경우에는 감포도량으로 가지고 가서 지전 등 모든 것을 불사릅니다. 그때 봉송(奉送)도 함께 합니다.

회향하며 모든 것을 불사를 때 외우는 봉송의 마지막 구절을 보면, 우리가 왜 예수재를 해야 하는 지 그 이유를 알 수 있습니다.

"봉송 예배하는 사이에 지전은 모두 불타 바람마저 잔잔하니, 복 쌓고 액 없애어 목숨은 바다 같고, 번뇌의 불빛 길이길이 벗어났네."

'복 쌓고 액 없애어 목숨은 바다 같고, 번뇌의 불빛 길이길이 벗어났네' 라고 했습니다. 즉, 복은 쌓고 액은 없애며, 목숨은 길게 하고 번뇌는 없어지게 하는 것, 그것이 예수재 기도의 본래 목적인 것입니다. 이렇게 생각

봉송 예배하는 사이에 지전은 모두 불타 바람마저
잔잔하니, 복 쌓고 액 없애어 목숨은 바다 같고
번뇌의 불빛 길이길이 벗어났네

하면 딱 맞습니다.

이미 지금껏 열심히 절에 다녔던 분들은 예수재에 몇 번이고 동참해 보셨을 것입니다. 이 또한 업장소멸 기도의 일종이니까, 불자님들은 인연이 닿는 사찰에 꼭 가셔서 문의해 보시고, 예수재 기도에 동참해 보시기를 권해 드립니다.

어느 분이, '예수재 기도는 언제부터 시작되었습니까?'라고, 댓글로 물어오셨다고 합니다. 그래서 좀 덧붙여 설명드리겠습니다.

부처님 당시 마가다국에 '빔비사라'라는 왕이 있었는데, 이 빔비사라 왕이 살아생전에 수십 번 예수재를 올렸다는 기록이 경전에 나옵니다. 그러므로 예수재 기도는 부처님 당시부터 있었던 기도의 한 방법이 아니겠는가 합니다.

예수재 기도가 수천 년 면면히 이렇게 이어져 온 것은 그만큼 공덕이 있고, 그만큼 좋은 일이므로 이렇게 전해져 오지 않았겠습니까? 생각이 있는 분은 꼭 좀 동참해 보시기를 바랍니다.

 건강하시고 내일 다시 뵙겠습니다.
관세음보살

無一우학
說法大典

80
옴 마니 반메 훔이란?

2020. 05. 19. 세계명상센터 보은전

관세음보살. 유튜브불교대학 시청자 여러분, 반갑습니다. 오늘은 '옴 마니 반메 훔'에 대해서 말씀드리겠습니다.

질문이 들어왔습니다.

"스님, '옴 마니 반메 훔' 전반에 대해서 좀 설명을 해 주시면 좋겠습니다."

우리나라에는 옴 마니 반메 훔을 외우는 밀교 종단이 몇 개 있습니다. 그중 대표적인 밀교 종단은 진각종입니다. 진각종의 창종주는 회당 손규상(悔堂 孫圭祥)이라는 분입니다. 예전 문교부 장관을 지낸 손제석 씨의 아버지 되는 분이기도 합니다.

회당 손규상은 어릴 때부터 가족들이 40대쯤 되면 모두 폐결핵으로 죽는 모습들을 보면서 늘 불안해했습니다. 그런데 하루는 어느 한 스님이 지나가면서, "너도 다른 가족들처럼 일찍 죽지 않으려면, 옴 마니 반메 훔을 외워라."라고 했답니다. 절박한 마음에 어린 손규상은 그때부터 옴 마니 반메 훔을 외우기 시작했다고 합니다.

후일 손규상 대종사가 창종을 했으니 그것이 진각종

이며, 진각종에서 나온 종파가 진은종, 총지종 등 입니다. 그리고 진각종에는 심인당이 지어져 있는데, 우리가 말하는 법당이라고 할 수 있겠습니다. 진각종에서는 기도할 때 지권인을 합니다. 지권인은 집게손가락을 세우고, 다른 반대편 손으로 에워싸는 형태의 수인을 말합니다. 우리가 합장을 하고 기도를 하듯 이들은 지권인을 하고 기도를 합니다. 진각종은 좋은 일도 많이 합니다. 그 가운데서도 심인중·고등학교, 위덕대학교 등 교육 불사를 많이 하는 종단입니다.

그러한 진각종에서 옴 마니 반메 훔 진언을 외우는 수행을 많이 합니다. 그 때문에 국민들이 옴 마니 반메 훔을 많이 알게 된 것 같습니다.

세계적으로 봤을 때는 티베트에서 옴 마니 반메 훔을 많이 외웁니다. 제가 15년 전쯤, 다큐멘터리 방송 촬영차 티베트에 간 적이 있었는데, 보이는 모든 곳에 온통 옴 마니 반메 훔이었습니다. 타르초, 룽다라고 하는 펄럭이는 깃발에도 다 옴 마니 반메 훔이 새겨져 있었습니다. 그리고 고갯길을 넘어가서 돌들이 많은 곳에는 그 돌마다 옴 마니 반메 훔을 써 놓았습니다. 또 손에 들고 돌리는 마니차 경통에도 옴 마니 반메 훔이라 적혀 있었으며, 마니차를 돌리는 사람도 옴 마니 반메 훔을 외우며 기도를 했습니다. 즉, 눈에 보이는 모든 것이 다 옴 마니 반메 훔이요, 입으로도 옴 마니 반메 훔이었습니다. 그러자니 그들의 정신세계도 다 옴 마니 반메 훔으로 돼 있는 것을 알 수 있었습니다. 이처럼 티베트의 특별한 기도가 바로 옴 마니 반메 훔 기도였습니다.

우리나라에서 옴 마니 반메 훔을 외우는 진각종과 티베트 사이에 어떤 특별한 교류가 있는지는 잘 모르겠습니다만, 아마 상당히 일맥상통하는 점이 있다고 봐야 합니다.

그렇다면 '옴 마니 반메 훔은 어떤 뜻을 가지고 있는가?' 여기에 대해서 좀 살펴보겠습니다. 특히, '옴'은 아주 특별하므로, 후일 다시 시간을 내서 '옴'의 의미에 대해서만 구체적으로 말씀을 드리겠습니다. 오늘은 '옴 마니 반메 훔' 입니다.

단 한마디로 '옴'을 말하자면, 참나의 자리, 부처님

마음, 그것이 '옴'입니다. 그다음으로 '마니'는 마니 진주, 마니 보배를 일컫습니다. 그래서 제 나름대로 해석하기를, 마니는 '마음의 구슬'이라고 해석했습니다. '반메'는 '파드메', '파드마', 즉 연꽃을 말합니다. 연꽃 중에서도 홍련입니다. 그래서 '반메'는 '연꽃을 피우리라'라고 해석했습니다. '훔'이라 하는 말은 '지극히', '마침내' 이런 뜻을 가지고 있습니다. 이것을 모두 연결해서 제가 그 뜻을 해석하기로, '옴 마니 반메 훔'은 '참나로 돌아가 마음의 구슬로 연꽃을 피우리라. 마침내!' 입니다. 뜻이 너무 좋지요?

사실, 옴 마니 반메 훔은 꼭 진각종의 신도가 아니더라도, 불자라면 다 외웁니다. 왜냐하면 천수경(千手經) 안에 이것이 있기 때문입니다. '관세음보살본심미묘(觀世音菩薩本心微妙) 육자대명왕진언(六字大明王眞言) 옴 마니 반메 훔, 옴 마니 반메 훔, 옴 마니 반메 훔…' 이렇게 천수경 후반부에 나옵니다.

'옴 마니 반메 훔이 그렇게 좋다 하니, 나도 옴 마니 반메 훔을 외워 볼까?' 이렇게 생각하실 수도 있는데, 그럴 것까지는 없습니다. 진각종 종도가 아니면 천수경 할 때 세 번 외우는 정도로도 족합니다. 왜냐하면 다른 수행을 해야 하기 때문에 그렇습니다. 참선, 기도 명상, 사경, 절, 독송 등 수행을 해야 하니, 옴 마니 반메 훔은 천수경에서 외우는 세 번으로 만족하시라는 겁니다.

우리는 불교적 소양을 많이 쌓아야 합니다. 하지만 불교적 소양이 하루아침에 쌓이지는 않습니다. 불교적 소양을 쌓는 것은 많은 세월을 필요로 합니다. 차근차근 쌓아나가야 합니다. 그러므로 오늘 설명이 끝이 아니라 후일에 또 밀교(1)에 대해, 옴의 진정한 의미(2) 등에 대해 추가로 더 설명드리겠습니다.

우리 마음과 우주를 크게 밝게 하는 진언, 육자대명왕진언 옴 마니 반메 훔을 같이 세 번 외워고 마치겠습니다.

옴 마니 반메 훔
옴 마니 반메 훔
옴 마니 반메 훔

 내일 다시 뵙겠습니다.
관세음보살

참고하시면 좋은 법문

(1) 주문, 진언, 다라니가 도대체 무엇인가(유튜브 생활법문)
(2) 진정한 공덕의 글자, 옴과 사바하(설법대전 6)

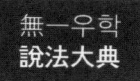

81
치매의 불교적 예방법

2020. 05. 20. 세계명상센터 보은전

 관세음보살. 유튜브불교대학 시청자 여러분, 반갑습니다. 오늘의 주제는 '치매의 불교적 예방'입니다.

우리가 절대 걸려서는 안 되는 병 중 하나가 치매입니다. 치매에 걸리면 가족도 못 알아보고, 절의 스님도 못 알아봅니다. 보통 문제가 아니지요. 그래서 오늘은 특별히 치매의 불교적 예방에 대해서 말씀을 드리고자 합니다.

바로 본론으로 들어가겠습니다. 치매에 걸리지 않기 위해서 불교적으로 해야 하는 것들입니다.

첫째, 염주를 손에 딱 잡고 늘 돌리십시오.

오른손으로도 염주를 돌리고, 왼손으로도 돌리면서 번갈아 양손으로 다 염주를 돌리십시오. 손을 놀리는 것이 치매 예방에 좋다고 합니다. 불자라면 모두 염주 하나씩은 다 가지고 있잖습니까. 그 염주를 들고 기도하시면 됩니다. 그러면 치매 예방도 되고, 기도도 되니 일석이조(一石二鳥)의 효과가 있는 것입니다. 염주를 돌릴 때는 양손을 번갈아 가면서 돌리셔도 좋고, 두 개의 염주를 같이 돌리셔도 됩니다. 길을 걸을 때도 돌리시면서 걸으시고요. 특히, 앉아서 TV 뉴스를 볼 때도 시간을 허비하지 말고, 양손으로든 한 손으로든 염주를 돌리시면 좋겠습니다.

둘째, 경전 공부를 하십시오.

"스님, 경전 공부는 언제까지 하면 됩니까?"

경전 공부는 죽을 때까지 해야 합니다. 죽을 때까지 공부하면서 머리를 계속 써야 합니다. 뇌는 기계와 같아서 회전시키지 않으면 금방 녹이습니다. 뇌에 녹이 스는 것이 바로 치매입니다. 기계에 녹이 슬면 작동이 잘 안되듯이, 뇌에도 녹이 슬어 작동을 제대로 못 하는 것이 바로 치매입니다. 그러므로 치매가 오지 않으려면 머리를 계속 써야 합니다.

절에 가서 공부하고, 직접 나가기가 상황이 여의치 않으면 유튜브불교대학을 통해서라도 공부하면서 계속 머리를 써야 합니다. 외울 것은 외워야 합니다. 예를 들어 "불교의 4대 성지가 뭐지요?"라고 물으면, "불교의 4대 성지는 룸비니, 붓다가야, 녹야원, 쿠시나가라입니다." 이렇게 딱, 딱, 딱, 외울 수 있어야 합니다. 불교인들은 이런 불교 기초 지식이 없는 경우가 많습니다. 이제부터는 좀 배우십시오. 제가 유튜브불교대학을 통해서 기초부터 차근히 일러드리겠습니다. 차츰차츰 깊이 있는 말씀을 드릴 테니까, 부담 갖지 말고 이 시간을 잘 활용하시면 불교 공부를 아주 많이 하실 수 있을 겁니다. 그렇게 늘 공부하시면 치매도 안 온다는 말입니다.

치매, 우리가 아주 경계하고 겁을 내야 합니다. 그러니까 이렇게 법문을 할 때는 그냥 지나치지 마시고, 필기구를 꺼내서 받아 적으십시오. 제가 드리는 말씀을 그대로 잘 요약해서 댓글에 올려두시는 분들도 있으시더라고요. 그것은 아주 좋은 습관입니다. 거기서 한 단계 더 나아가, 요약정리한 그 내용을 외우려고 노력해 보십시오. 그러면 치매는 절대로 안 올 것입니다.

셋째는, 절을 하십시오.

절을 하면 전신운동이 됩니다. 특히, 허벅지 근육이 아주 발달합니다. 허벅지 근육은 제2의 뇌라고 말하기도 합니다. 그만큼 허벅지 근육이 중요한데, 절을 하면 허벅지 근육을 발달시킬 수 있습니다. 또 절을 하면 발바닥의 신경이 자극됩니다. 발바닥이 자극을 받으면 이것이 뇌를 자극하여, 뇌의 활성화에 도움이 된다는 연구가 많이 나와 있습니다. 그래서 치매 예방이 된다는 것입니다.

노파심에서 좀 덧붙여 말씀드리겠습니다. 그렇다고 해서 절을 너무 무리하게 많이 하시면 관절이 상하기 쉽습니다. 한 300배, 108배를 3번 정도 하는 것은 괜찮지만, 너무 무리하게 오래 하시면 안 됩니다. 108배 또는 108배를 세 번 하는 정도로만 하시길 바랍니다.

만약 연세가 많으셔서 절을 할 수 없다면, 요즘 시중에 많이 나오는 발 지압기 같은 기구를 이용하시면 됩니다. 한 10분, 20분 기계에 발을 놓고 움직이시면 발에 자극이 되고, 그것이 뇌의 활성화에 도움이 될 것입니다. 하지만 절을 할 수 있는 사람은 그냥 절하는 것이 가장 상책입니다.

넷째, 절의 전통 숙성 음식을 많이 드십시오.

절의 전통 숙성 음식이라 하면, 된장과 간장입니다. 숙성된 우리의 전통 음식을 많이 드시면, 피가 맑아지고 콜

레스테롤이 떨어져서 뇌졸중 같은 뇌 질환은 오지 않는다고 합니다. 그래서 조금 번거롭더라도 절에서 담그는 전통 숙성된 된장, 간장을 늘 드시길 권해드립니다.

"스님, 절에서 담근 된장과 간장을 실컷 먹으려면 어떻게 하면 됩니까?"

이렇게 된장과 간장을 실컷 드시려면 한국불교대학의 무일선원 무문관의 선방이나 山海세계명상센터에 들어오시면 됩니다. 석 달이든 일 년이든 재가자 선방에 들어오시면 된장, 간장은 아주 실컷 드실 수 있습니다. 그것도 3년 이상 된 옻 된장을 실컷 드실 수 있습니다. 된장과 간장을 팔지는 않으므로 직접 들어와서 드시면 됩니다.

다섯째, 경전 독송을 하시되, 그 경전을 통째 외우십시오.

천수경(千手經), 반야심경(般若心經) 등 늘 외우는 경전을 까먹지 않기 위해 항상 노력해야 합니다. 평소 외우던 경전만 까먹지 않아도 치매는 오지 않을 겁니다.

"스님, 저는 외울 수 있는 경전이 없습니다."

그것은 자랑이 아닙니다. 불자가 돼서 기본 경전은 좀 외우고 있어야 합니다.

우리가 외우고 있어야 할 기본 경전을 간단히 소개하겠습니다.

첫 번째로는 예불문입니다. 예불문은 반드시 외우셔야 합니다. 외우되, 그 뜻은 알고 외우는 것이 좋습니다. 두 번째 반야심경을 꼭 외워야 하고, 세 번째 천수경도 꼭 외워야 합니다. 마지막으로 네 번째는 법성게입니다. 불자라면 법성게 정도는 외워 두는 것이 좋습니다.

이렇게 네 가지는 꼭 외워야 하고, 그것들을 잊지 않기 위해 계속 노력하다 보면 치매는 절대 안 옵니다. 제가 장담을 하는 거니까 꼭 그렇게 하시기 바랍니다.

불교적 관점에서 치매를 예방하기 위해 해야 할 일, 여섯째는 절 채소를 많이 먹고, 절에서 마시는 차(茶)를 많이 마십시오.

절 채소라 하면, 당연히 녹황색 채소를 말합니다. 시금치, 상추, 브로콜리, 근대, 쑥갓 등이 몸에 좋은 녹황색 채소입니다. 녹황색 채소가 항산화 작용을 한다고 합니다. 항산화 작용을 한다는 것은 활성 산소를 제거한다는 말입니다. 활성 산소가 많아지면, 뇌가 피로해집니다. 이는 곧 치매가 오기 쉬운 상태가 된다는 말이지요. 그런데 녹황색 채소에는 이 활성 산소를 제거하는 성분이 많다고 합니다. 특히, 절에 오시면 고수 또는 고소라고 하는 채소가 있는데, 이 채소를 꼭 좀 드시기 바랍니다. 올해 한국불교대학 감포도량 밭에는 고수를 좀 많이 심어놨습니다. 오셔서 드셔보시기 바랍니다.

또한 절에서 마시는 차(茶)를 드십시오. 절에서는 주로 녹차를 많이 마십니다. 제가 '녹차와 불교(1)'에 대해서 후일에 좀 더 자세히 설명을 드리겠습니다. 녹차 이외에도 소나무 잎으로 만든 솔 차, 대나무 잎으로 만든 댓잎 차 등이 있습니다. 특히 대나무는 어느 절에나 다 있는 것은 아닌데, 한국불교대학 무일선원에는 대나무가 많습니다. 그러니 이 댓잎을 따다가 차로 해서 드시면, 활성 산소가 제거되고 뇌 질환을 예방에 효과가 뛰어날 것입니다.

일곱째, 명상을 하십시오.

불교는 당연히 명상입니다. 불교, 즉 불자들은 당연히 참선하고 기도합니다. 참선, 기도가 바로 명상입니다. 명상을 하면 뇌의 회로가 아주 유연하게 됩니다. 그래서 스트레스가 날아가고, 억압된 감정이 다 사그라들어서 정서적으로 안정이 됩니다.

호흡법도 좋고, 간화선(看話禪)도 좋고, 자비관(慈悲觀)도 좋습니다. 또 제가 늘 말하는 선관쌍수(禪觀雙修)도 좋습니다. 그런 모든 것이 명상입니다. 염주 들고 관세음보살만 외워도 아주 좋은 명상입니다. 무엇이든지 하면 됩니다. 그런데 전혀 안 하는 것이 큰 문제입니다.

불자가 돼서 치매에 걸렸다고 하는 것은 모두 명상하지 않아서 그렇습니다. 스님들은 절대 치매에 걸리지 않습니다. 스님이 치매 걸렸다는 소리는 제가 들어보지 못했습니다. 그런데 만일 스님이 치매에 걸렸다고 하면, 이는 필시 명상을 하지 않아서 그렇습니다. 참선 기도를 제대로 하지 않아서 치매가 왔다고 밖에 볼 수 없습니다.

스님들은 대부분 다 아까 얘기했던 것처럼 염주 들고 기도하고, 경전 공부 열심히 하고, 절도 합니다. 또 절 전통 음식도 먹고, 늘 채소를 먹고, 녹차 등 절의 전통차를 마시고, 명상을 하니 치매가 올 이유가 없는 것입니다. 우리 불자들도 '아, 스님들이 하는 대로 하면 되겠구나'라고 생각하시고, 따라 하시면 좋겠습니다.

제가 오늘 전체 일곱 가지를 제시했습니다. 이대로 하시면, 이생 사는 날까지 정신이 아주 또렷또렷하고, 의식이 아주 밝은 삶을 살게 될 것입니다. 그것이야말로 불교를 믿는 혜택이고, 불교를 믿은 보람이고, 부처님의 가피가 아닌가 생각합니다. 우리는 불자로서 불자의 기본만 잘하면 치매도 절대 오지 않는다는 자부심을 가지고 열심히 살아야겠습니다.

내일 다시 뵙겠습니다.
관세음보살

참고하시면 좋은 법문
(1) 녹차는 공부 잘하는 사람이 마신다(설법대전 6)

無一우학
說法大典

82
약방의 감초
반야심경 260자 안에 다 있다

2020. 05. 21. 세계명상센터 보은전

관세음보살. 유튜브불교대학 시청자 여러분, 반갑습니다. 오늘은 '반야심경(般若心經)'에 대해서 말씀드리겠습니다.

반야심경은 불자라면 누구나 다 외웁니다. 한국불교대학에서 운영하는 참좋은유치원의 아이들도 다 외우는 경전이 반야심경입니다.

반야심경의 원 제목은 '마하반야바라밀다심경(摩訶般若波羅蜜多心經)'입니다. 이를 줄여서 '반야심경(般若心經)', 더욱 줄여서 '심경(心經)'이라고 말합니다. 그러므로 '심경(心經) 한번 외워 봐'라고 하면 으레 반야심경인 줄 알아야 합니다.

반야심경은 본문이 총 260자로 구성되어 있습니다. 그리고 경(經)의 제목이 10자입니다. 따라서 본문 260자, 제목 10글자, 총 270자로 구성되어 있습니다.

반야심경은 불교의 모든 의식에 다 쓰입니다. 불공이나 정식 법회에는 당연히 합니다. 또 아침, 저녁 예불 때는 물론 사시 불공 때에도 신중단을 향해 서서 반야심경을 외우도록 되어 있습니다. 다시 말해, 반야심경을 외우지 않는 불공 의식은 없다고 봐도 됩니다.

그리고 우리가 간단하게 하는 의식들에서는 반야심경 한 편만 읽으셔도 됩니다. 예를 들어, 개원식이나 안택 등을 할 때에는 반야심경 한 편으로 족합니다. 다 해결된다는 것입니다.

그런데 반야심경은 그 뜻이 만만치 않습니다. 그 뜻이 매우 함축되어 있어서 그렇습니다. 심경(心經)의 심 자는 '마음 심(心)' 자를 쓰지만, '핵심'이란 의미가 강하게 들어있습니다. 반야심경은 '핵심이 되는 경'이라는 것입니다. 즉, '반야 사상을 나타내는 핵심 되는 경' 또는 '모든 경전의 엑기스만 뽑아 놓은 핵심 되는 경', 이것이 반야심경입니다.

반야심경 전체를 찬찬히 잘 살펴보면, '지혜를 얻어서 행복을 누리자'라는 뜻이 그 속에 나타나 있습니다. 그래서 우리가 반야심경대로 살면, 반야심경의 힘을 빌리면, 반드시 지혜를 얻게 되고 행복할 수 있다는 메시지를 느낄 수 있는 것입니다.

경전에는 경전마다 그 경전의 대의(大意)가 있습니

다. 경전의 대의란 '경전의 대강적인 뜻', 또는 '경전의 큰 뜻'을 말합니다. 그렇다면 이 반야심경의 대의는 무엇일까요? '득지혜(得智慧) 향행복(享幸福)이라, 지혜를 얻어서 행복을 누린다' 라는 뜻입니다. 이 부분은 매우 중요합니다. 이 말은 제가 28년 동안 반야심경 강의를 매년 하면서, '반야심경의 대의는 무엇인가?' 하고 제 나름 고민하고 정립한 것입니다.

得智慧(득지혜) 享幸福(향행복)
지혜를 얻어서 행복을 누린다.

이 말은 다른 책에 있는 것이 아니라 제가 세운 반야심경의 대의입니다. 제가 자신 있게 말씀드리는 것이니, 꼭 이 반야심경의 대의를 외우시기 바랍니다.

앞서 제가 반야심경은 지혜를 가르치는 핵심 되는 경이며, 또 모든 경전들의 엑기스를 뽑아 놓은 경이라고 했습니다. 그리고 반야심경의 원제목은 마하반야바라밀다심경이라 했습니다. 사실 오늘은 제가 이 경의 제목을 가지고 설명을 드리려 했었습니다. 그런데 운영진들이 말하기를 "요즘은 유튜브 방송 분량이 너무 길면 잘 보지 않습니다."라고 하더군요. 그래서 어쩔 수 없이, 10분 내외로 끊어서 설명을 드리기 위해 오늘은 제목에 대한 설명(1)은 지나가겠습니다. 후일에 다시 더 설명드리겠습니다.

현재 우리가 사는 이 시대는 대단히 힘듭니다. 스트레스도 아주 많이 받는 세월에 살고 있습니다. 스트레스를 크게 받으실 때는 문을 다 걸어 잠가 놓고, 반야심경을 한 번 크게 외우십시오. 책을 보며 읽으셔도 됩니다. 곡조를 잘 모르시겠다면, 유튜브불교대학 재생목록 중 독송 편에 들어가 보시면 '우학스님 반야심경'이 올려져 있습니다. 그 영상을 틀어놓고 반야심경을 크게 외우세요. 그러면 마음의 스트레스가 다 날아갈 것이고, 앞서 말씀드렸던 것처럼 끝내 반야 지혜를 얻어서 반드시 행복해질 수 있을 것입니다.

반야심경을 아직 못 외우시는 분들은, '유치원 아이들도 외운다는데, 내가 반야심경도 못 외워서야 되겠는가?' 하는 각성을 하시고, 자꾸 손을 쓰면서 외우려 애쓰십시오. 쓰고 외우고, 쓰고 외우고 하다 보면, 본문 글자 수가 고작 260자이니 한 달 안에 외울 수 있을 것입니다.

반야심경은 반드시, 필히 외워야 합니다. 요즘은 한글 반야심경도 나와 있긴 하지만, 한문이 원본이므로 한문 원본대로 먼저 꼭 외우시기 바랍니다.

반야심경에 대해서는 후일 특강 겸 자세히 법문할 생각입니다. 우선 내일은 '반야심경의 법력'에 대해서 이어 말씀을 드리도록 하겠습니다.

내일 다시 뵙겠습니다.
관세음보살

참고하시면 좋은 법문

(1) 마하반야바라밀다심경, 제목의 뜻은 알고 하시는가?
(설법대전 8)

無一우학
說法大典

83
반야심경의 법력

2020. 05. 22. 대구큰절 옥불보전

관세음보살. 유튜브불교대학 시청자 여러분, 반갑습니다. 오늘은 예고해 드린 대로 '반야심경(般若心經)의 법력(法力)'에 대해서 말씀을 드리겠습니다.

우리가 늘 외우는 반야심경의 한문 번역자는 서유기에 삼장법사(三藏法師)라고 등장하는 '현장(玄奘) 스님'입니다. 현장 스님이 인도의 나란다 대학에서 공부할 목적으로 동료 40여 명과 함께 중국 장안을 출발했습니다. 인도로 가는 길은 고비 사막을 거치고, 히말라야산맥을 넘어야 하는 정말 죽음을 각오해야 하는 그런 길이었습니다. 그래서 가다가 산적 떼도 만나게 되고, 사막을 지나면서는 기근과 물 부족으로 인해 많은 동료들이 죽었습니다. 또한 히말라야산맥을 넘으면서는 혹한으로 인해 동료들을 잃었습니다. 결국, 삼장법사 혼자 인도 땅에 들어가게 되었습니다.

그런데 히말라야산맥 능선을 타고 인도 쪽으로 들어가면서 삼장법사 역시 풍토병에 걸리고 말았습니다. 겨우 기다시피 해서 산맥을 내려가다가 작은 암자가 있어서 들어갔습니다. 후일, 그곳을 사람들은 익주(益州)의 공혜사(空惠寺)라고 얘기합니다. 아무튼, 이 공혜사 암자에 겨우 들어갔습니다. 거의 다 죽게 된 상태로 겨우 기어들어 갔더니, 공혜사에 있던 한 노스님이 나와서 맞이하였습니다. 젊은 사람이 곧 죽을 것 같으니까 음식을 주시며 말씀하셨습니다.

"그대가 살아남으려면 이 경전을 외워라."

그러시면서 패엽경을 건네주셨습니다. 그 패엽경에는 산스크리트어로 된 어떤 글귀가 있었습니다. 현장 스님은 아무 생각 없이 노스님께서 시키시는 대로 경전을 외웠습니다. 그것도 아주 열심히 외운 모양입니다. 그렇게 몇 달을 그곳에 머무르면서 삼매에 들어서 외우다 보니, 어느덧 몸이 완쾌되었습니다. 그래서 그 길로 나란다 대학으로 가서 공부를 했습니다. 16년간 공부를 하는 중에 현장 스님은 생각했습니다.

'옛날에 풍토병으로 죽을 뻔했었지. 그때 익주의 공혜사에서 노스님이 주신 경전을 읽고 풍토병을 이겨냈었는데, 그게 무엇이었을까?

그래서 연구를 해 보니, 그 경전이 바로 반야심경이었다고 합니다. 후일 현장 스님은 아주 많은 책을 번역했습니다. 특히나 이 반야심경에 관한 한 더욱더 관심을 가지고 아주 세밀히, 철저하게 번역했다고 합니다. 그래서 아주 완벽하게 번역을 했다고 하는 것이 바로 이 반야심경입니다.

많은 스님들의 한문본 반야심경이 다양하게 있긴 합니다만, 우리가 보는 반야심경은 현장 스님의 반야심경입니다. 이는 분명히 현장 스님의 법력이자 반야심경의 법력이 아닌가 생각합니다. 그러므로 어려움에 처했을 때, 현장 스님처럼 아주 순수한 마음으로 조건 달지 아니하고 반야심경을 열심히 외우면, 분명히 반야심경의 법력으로 어려운 문제가 해결되리라고 봅니다.

또 하나의 얘기를 해 드리겠습니다.

옛날 어느 시골에 뇌성간이라는 무당이 있었습니다. 이 사람은 '인신(人身) 공양법'을 만들었어요. 그 동네에는 만장굴 같은 긴 굴이 있었는데, 그 긴 굴에 용을 닮은 구렁이가 살았던 모양입니다. 무당은 구렁이에게 인신 공양을 해야 동네가 편안하다면서 삼 년에 한 번씩, 젊은 십여 세 여남은 살 되는 소년을 그 굴에 넣었습니다. 그 동네의 아이들을 상대로 추첨을 해서 소년을 그 구렁이의 밥으로 굴속에 넣은 것입니다.

그러한 폐습이 이어져 왔는데, 거기에 한 소년이 걸리게 되었습니다. 부모님도 어쩔 수 없는지 자신을 그대로 굴 안으로 밀어 넣자 소년은 '부모님의 힘으로도 안 되나 보다. 예전에 부모님과 절에 갔을 때 처음 만났던 반야심경을 외워야겠다' 라고 생각했습니다. 소년은 머리가 좋았던지, 아니면 부처님과 인연이 깊었던지 부모님과 절에 갔을 때 만났던 반야심경을 외우고 있었던 모양입니다.

드디어 굴속에 밤이 돌아왔습니다. 소년은 굴속에 갇혔고, 굴 문이 완전히 닫혔습니다. 동네 사람들이 인신공양차 넣었기 때문에 굴 문은 완전히 닫아두었던 것이지요. 그리고 밤이 되자 저 멀리서 불을 마구 뿜어대며 소년을 향해 구렁이가 돌진해 왔습니다. 그러자 소년은 사력을 다해서 반야심경을 외웠습니다. 완전히 삼매에 들어서 반야심경을 외웠더니, 분명 닫혀있던 굴의 입구 쪽에서 느닷없이 바람 한 줄기가 들어오는 것이었습니다. 그리고 불어온 바람이 구렁이를 확 덮쳤습니다. 그로 인해 구렁이가 내뿜던 불기운이 도리어 구렁이 쪽으로 가더니 그대로 구렁이를 덮쳐버렸습니다. 그래서 그 구렁이는 불에 완전히 그을려 옆으로 쓰러졌습니다. 그러자 소년도 완전히 탈진해 쓰러졌습니다.

드디어 다음 날 아침이 되었습니다. 동네 사람들은 소년이 3년 전, 6년 전의 아이들처럼 구렁이의 밥이 되어 저세상으로 갔을 것이라 생각하면서 동굴 입구의 문을 열었습니다. 그런데 놀랍게도 소년이 살아있었습니다. 소년은 뭔가를 중얼거리고 있고, 구렁이는 화상을 입은 채 죽어 널브러져 있었습니다. 사람들은 놀라며 소년에게 다가갔습니다. 그리고 중얼거리는 소년의 입에 귀를 대고 가만히 들어보니, 반야심경을 외우고 있었다는 것을 알게 되었습니다.

절에서는 자나 깨나 외우는 것을 '오매일여(寤寐一如)'라고 하는데, 소년은 완전히 오매일여의 경지에 들어간 겁니다. 생(生)의 본능인지 아니면 부처님의 가피가 소년에 닿으려고 했던 건지, 이 소년은 쓰러져 있으면서도 반야심경을 외우고 있었던 것이지요. 동네 사람들이 아이를 깨워 자초지종 얘기를 들어보니, 아니나 다를까 반야심경으로 구렁이를 물리쳤음을 알게 되었습니다. 그것은 바로 반야심경의 법력이자, 소년의 지극정성한 기도의 힘입니다. 그렇게 지극정성 한 기도에 반야심경의 법력이 보태져서 소년은 살아난 것입니다. 그리하여 그 동네의 폐습은 사라졌다고 합니다.

우리는 반야심경의 법력을 믿어야만 합니다. 저는 2013년도부터 2016년도까지 무일선원 무문관에서 완전히 폐문하여 정진할 때, 정말 죽을 뻔한 고비를 두어 차례 맞았습니다. 그때 저 역시 반야심경을 붓글씨로 하루에 한 편 쓰는 것으로 수행을 삼은 적이 있었습니다. 그 덕분에 저는 이렇게 다시 건강을 회복할 수 있었습니다. 또, 저는 부모님을 포함해 윗대 3, 4대조의 제삿날이 되면 반드시 반야심경 한 편을 붓글씨로 사경해서 불살라 드립니다. 저는 비록 반야심경이 길이는 짧지만 분명히 큰 법력이 있는, 힘이 있는 경이라고 아주 굳게 믿고 있습니다.

짧다고 해서, 늘 친하게 외운다 해서 우습게 볼 일이 아닙니다. 우리가 반야심경을 늘 친하게 외운다 해서, 그리고 경의 길이가 짧다고 해서 절대 우습게 볼 일이 아닙니다. 제가 말씀드렸던 것처럼, 반야심경은 모든 경전의 핵심, 즉 엑기스를 담고 있는 심경(心經)이므로 대단한 힘이 있습니다.

길이가 그리 길지 않은 경이니까 가족들 모두 반야심경을 외우시는 것을 권해 드립니다. 그래서 일이 있을 때, 예를 들어 기일이 되거나 축하할 일이 있거나 생일 때, 결혼 또는 결혼기념일 때 등 가족들이 다 같이 반야심경을 외우신다면 분명히 반야심경의 가피를 입으실 것입니다. 가족들이 다 함께 반야심경을 자주 외운다면 분명히 반야심경의 법력, 반야심경의 가피를 입으리라고 봅니다.

우리는 늘 부처님 제자답게 경전에 근거해서 경전에 의지하는 삶, 또는 그런 신행 생활이 되었으면 합니다.

 내일 다시 뵙겠습니다.
관세음보살

無一우학
說法大典

84
염주의 신통

2020. 05. 23. 세계명상센터 보은전

※ 설법 중 우학 스님께서 여러 염주와 단주를 보여주십니다. 글의 이해를 위해서 유튜브불교대학의 영상을 참조하시기 바랍니다.

 관세음보살. 유튜브불교대학 시청자 여러분, 오늘도 반갑습니다.

유튜브불교대학은 '온라인으로 이 세상을 불국토화 하자'는 원력으로 출발했습니다. 그런 만큼 유튜브불교대학을 구독해 주시는 여러분들이 응원해 주시면 큰 힘이 되겠습니다. 지금 유튜브를 촬영하고 있는 이곳은 한국불교대학 감포도량의 B.U.D 세계명상센터인데, 저는 이곳에 유튜브불교대학 기념관을 지을 계획을 세우고 있습니다. 우리 유튜브불교대학 신도님들이 멀리서 찾아오셨을 때 자부심을 가질 수 있도록 말입니다. 어쨌든지 우리 불교가 약해지지 않도록 온라인을 통해서라도 힘을 모아주시면 감사하겠습니다.

오늘은 '염주의 신통'에 대해서 말씀드리겠습니다. 앞서 '염주의 힘(1)'에 대해서 한번 말씀을 드린 바가 있습니다만, 조금 부족하다는 생각이 들어서 '염주의 신통'이라는 제목으로 보충 설명하겠습니다.

먼저 이야기를 하나 해 드리겠습니다. 이미 많이 알려진 이야기이지만 또 한 번 들어보시길 바랍니다.

옛날 배휴라는 사람이 있었습니다. 아주 독실한 불자였던 그는 중국에서 정승도 지냈고, 학문도 매우 깊었습니다. 어느 날 배휴 거사가 화림암에 선각이라는 큰스님이 계신다는 얘기를 듣고 찾아갔습니다. 스님을 뵙고 방에서 둘이 얘기를 나누었는데, 배휴 거사가 보기에는 스님이 좀 적적하니 외로워 보였던 모양입니다. 아마 큰스님이 시자도 없이 혼자 사시는 듯 보였나 봅니다. 배휴 거사가 여쭈었습니다.

"스님, 연세도 많으신데 왜 시자도 없이 이렇게 사십니까?"

그러자 스님께서 말씀하셨습니다.

"나에게도 시자가 둘 있지. 그럼 시자를 한번 불러 볼까?"

"아, 스님 저도 시자를 보고 싶습니다."

그러자 스님은 큰소리로 시자를 부르기 시작했습니다.

"대공아, 소공아!"

그러자 산 위에서 갑자기 으르렁 하면서 호랑이 두

마리가 뛰어 내려와서는 마당에 들어섰습니다. 그 모습을 본 배휴는 기겁하며 사시나무 떨듯이 떨면서 벽장에 숨어버렸습니다. 하지만 스님은 편안히 호랑이들과 얘기를 하는 듯이 있으니, 배휴가 말했습니다.

"스님, 스님! 됐습니다. 제발 호랑이를 좀 물려주십시오."

그러자 선각 큰스님께서 호랑이들에게 말했습니다.

"이제 나가서 놀 거라. 손님이 와 있으니, 너무 떠들면 안 된단다."

이렇게 말씀하셨습니다. 그러자 두 호랑이가 아주 자연스럽게 물러나는 것이었습니다. 그제야 벽장 속에 숨었던 배휴 거사가 나오면서 말했습니다.

"스님께서는 어떻게 해서 그런 신통(神通)이 나오십니까?"

그때 스님께서는 돌리고 있던 염주를 들어 보이면서 말씀하셨습니다.

"이 속에서 나왔느니라."

이 말인즉, '나의 신통은 염주 속에서 나왔다'라는

것이지요. 큰스님께서 "나는 이것을 들고 늘 관세음보살을 외우노라."라고 말씀하셨다고 합니다.

화엄경(華嚴經)에 '신위도원공덕모(信爲道元功德母)라, 믿음은 도의 으뜸이요 공덕의 어머니' 라는 말이 나옵니다. 그렇습니다. 믿음은 도의 으뜸이요, 공덕의 어머니입니다. 믿음이 도의 근원이라고 해도 틀린 말이 아닙니다. 그러므로 우리는 부처님에 대한 믿음이 꼭 있어야 합니다. 부처님에 대한 믿음이 충만한 상태에서 염주를 돌리고 명상하고 기도한다면, 그 기도 가피가 천 배 만 배 시너지 효과를 냅니다.

아까 말씀드렸던 화림암의 선각 큰스님처럼 우리는 신통이 염주 속에 있음을 느껴야 합니다. 저는 다섯 종류의 염주를 가지고 있습니다. 제가 아주 염주 부자입니다. 오늘은 제가 가진 이 염주들을 좀 소개해 드리겠습니다.

먼저, 제가 늘 손목에 차고 다니는 염주는 '패다라 염주' 입니다. 이 염주는 우리나라에서는 좀 보기 힘듭니다. 저도 패다라를 직접 보지는 못했고요. 언젠가 인도에 갔을 때 이런 염주가 있기에 가지고 와서 이걸 돌렸는데,

크기가 아주 적당해서 좋았습니다. 늘 가지고 다니면서 돌렸더니 줄이 한 열 번은 끊어져, 그때마다 새로 줄을 꿰어 지금껏 계속 사용하고 있습니다.

그다음은 철사로 알을 연결한 염주가 있습니다. 염주 알의 크기가 밤톨보다 더 큽니다. 제가 출가하고 얼마 되지 않아 걸망 메고 만행할 때, 한번은 백양사 밑 상가에 이런 염주가 있기에 그때 당시 천 원인가, 이천 원인가를 주고 산 것입니다. 그 뒤로 선방에 다닐 때나 강원에 있을 때 이 염주를 많이 돌렸습니다. 그런데 철사로 엮은 염주인데도 끊어지더라고요. 그래서 이것도 한 두세 번 다시 꿰었습니다. 이 염주의 염주 알은 박달나무로 정말 단단합니다. 어쩌면 제가 다음 생에 와서도 이 염주를 잡고 기도를 해도 될 만큼 아주 단단합니다.

그다음 세 번째 소개해 드릴 염주는 일명 '3000배 단주'입니다. 한국불교대학에서는 3000배를 하면 기념으로 이 염주를 드립니다. 선물입니다. 염주에는 작은 글씨로 '삼천배'가 새겨져 있어요. 저는 산에 다닐 때 이 염주를 들고 다니면서 많이 돌립니다. 이 염주가 길을 걸을 때나 산행할 때, 불교적으로 말하자면 포행할 때 돌리기 좋도록 아주 잘 만들어져 있습니다.

네 번째 소개할 염주는 한국불교대학에서 키우는 보리수나무에서 열린 열매를 따서 만든 '보리수 염주' 또는 '보리자 염주' 입니다.

그리고 다섯 번째는 율무와 비슷하게 생긴 염주로 만든 '염주 염주' 입니다. 일전에도 한번 설명드렸지만, 이 '염주' 는 구하기가 매우 힘듭니다.

이렇게 저는 한 다섯 종류의 염주를 가지고 있습니다. 하나를 돌리다 보면 조금 지겨울 때가 있어요. 그럴 때는 염주를 바꾸면 또 새로운 마음으로 할 수 있습니다.

요즘은 치매에 걸리지 않기 위한 방법에 대한 이야기들이 많이 나와 있습니다. 그중 하나가 손을 많이 놀리라는 것입니다. 손을 많이 놀리는 방법 중 하나가 바로 염주를 돌리는 것입니다. 저는 어떤 때는 양손에 염주를 들고 돌릴 때도 있습니다. 그렇게 하면 양손을 움직이는 것이잖습니까. 손바닥에는 온갖 신경이 들어있는데, 손으로 염주를 돌리다 보면 이 신경들을 자꾸 자극함으로 뇌를 발달시킵니다. 그럼 절대 치매는 오지 않습니다.

우리가 기도하여 기도 가피를 받는 것, 그 자체가 대단한 일이지요. 그런데 염주를 들고서 기도를 하면 정신 건강, 특히 치매나 경도 인지장애와 같은 기억력과 관계되는 병까지 예방할 수 있다니, 그 얼마나 좋은 일입니까?

우리 불자들은 늘 염주를 들고 기도하시면 좋겠습니다. 염주를 들고 기도를 하면 신통도 얻고 치매도 예방할 수 있으니, 정말로 좋은 일이 아닌가 싶습니다.

건강하시고 내일 다시 뵙겠습니다.
관세음보살

참고하시면 좋은 법문

(1) 염주의 힘(설법대전 4)
　 염주 잡고 기도하면 100배 더 잘 된다(유튜브 생활법문)

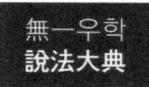

85
불교는 몇 살인가?

2020. 05. 24. 세계명상센터 보은전

 관세음보살. 유튜브불교대학 시청자 여러분, 반갑습니다. 오늘은 '불교는 몇 살인가?'라는 제목으로 말씀을 드릴까 합니다.

다 아시다시피 올해 부처님 오신 날, 4월 초파일은 이미 지나갔습니다. 하지만 코로나 때문에 초파일 행사 날짜를 한 달 미뤘는데, 한 달 미룬 날이 '윤 4월 초파일'입니다. 양력으로는 5월 30일이라 아직까지 초파일이 완전히 지나간 것은 아닙니다. 미처 등공양을 올리지 못하신 분은 본인과 가족들의 건강, 소원 성취를 위해서 나가는 절에 반드시 등공양을 올리시면 좋겠습니다.

사실 이렇게 부처님 오신 날의 행사가 미뤄진 것은 사상 초유의 일입니다. 우리나라에 불교가 공인된 것은 372년 고구려 소수림왕 때입니다. 그렇게 불교가 들어온 후로 우리 한반도에서 부처님 오신 날이 한 달이나 미뤄진 것은 처음 있는 일, 사상 초유의 일이 되어버렸다는 말입니다. 어서 이 코로나 사태가 진정되기를 진심으로 기도를 드립니다.

보통 불교 행사를 할 때는 언필칭(言必稱) '불기(佛紀)'를 말합니다. 올해는 불기로 2564년입니다. 이에 어떤 사람들은 "2564년이라고 하는 숫자는 어떻게 해서 나온 것인가요?"라고 묻기도 하고, 또 어떤 사람들은 "부처님 오신 지가 2564년 되었다."라고 말하기도 합니다. 오늘은 이에 대한 설명을 자세하게 해 드릴 테니, 유심히 들으시기 바랍니다.

이것은 아주 중요한 불교 상식입니다. 불자가 돼서 불교 달력인 불기(佛紀)가 어떤 연유로 생겼는지를 모른다면, 불자라고 할 수도 없는 것입니다. 그러니까 오늘 이 유튜브 법문을 끝까지 들으셔야 합니다.

부처님은 기원전(BC) 624년에 태어나셨습니다. 그 후 부처님께서는 육신의 몸을 끌고 80년 동안 중생을 제도하셨습니다. 그리고 부처님께서 80년 간의 중생 제도를 끝마치시고 열반하신 후, 부처님의 제자들이 모여서 이렇게 의논합니다.

"80년에 걸쳐 중생들을 제도하시고 돌아가신 해를 '불기 1년'으로 합시다."

이는 아주 중요한 일입니다. 세상의 모든 성자(聖者)들은 모두 태어난 해를 1년으로 잡습니다. 1살로 잡는 겁니다. 그런데 이와는 다르게 불교는 부처님께서 열반하신 그 해를 1년으로 잡았습니다. 따라서 '부처님께서 이 땅에 오신 지 2564년입니다'라고 말하는 것은 틀린 말입니다. 말에 어폐가 생기게 되는 것입니다. 부처님께서는 기원전 624년에 태어나시고 80년을 사셨으므로, 부처님이 열반하신 해는 기원전 544년이 됩니다. 부처님께서 돌아가신 해가 불기 1년이라고 했으니, 기원전 544년이 '불기 1년'이 되는 것입니다. 올해가 서력기원(西曆紀元)으로 2020년입니다. 기원전은 거꾸로 더 가야 하지요? 그러므로 2020년에 기원전 544년을 더하면 현재 우리가 말하는 '불기 2564년'이 됩니다. 그러면 해가 바뀌어서 서기 2025년이 되면 불기는 몇 년일까요? 당해 서력기원 2025년에다가 부처님께서 돌아가신 해 544년을 더하면 2569년이 되고, 이것이 불기가 되는 것입니다. 간단하지요.

부처님 오신 날, 절에 초대를 받아 와서 "부처님 오신 지 2564년이 되었습니다."라고 말하는 정치인들이 간혹 있습니다. 하지만 이 말은 틀렸습니다. 부처님 오신 지 2564년이 아닙니다. 엄밀히 따지면, 부처님 가신 지가 2564년이지요. 부처님 오신 지로 말하려면, 거기에 반드시 80을 더해야 합니다. 올해 기준으로 말한다면, "부처님 오신 지 2644년이 되었다." 이렇게 말해야 합니다. 더러 신문에서도 이런 실수를 합니다. 그런데 우리가 '불기 2564년'이라고 했지, 부처님 오신 지가 2564년이라고 말하지는 않았습니다.

그러면 '왜 절에서는 부처님 열반하신 해를 불기 1년으로 잡았는가?' 이 점이 궁금하실 겁니다. 이는 불교에서는 육신불(肉身佛)보다 진리이신 법신불(法身佛)을 백 배, 천 배, 만 배 더 중요하게 생각하기 때문입니다. 불교에서는 진리의 부처님으로 화(化) 하신 몸을 최고로 칩니다. 따라서 화신불(化身佛)로 오신 석가모니 부처님이라 할지라도 태어나신 해보다는 열반하신 것을 더 중요하게 생각하는 것입니다. 열반하셨다는 것은 다시 진리로 화(化) 하신다는 것입니다. 진리로 돌아오셨지요. 그래서 열반하셔서 법신불로 태어나신 해를 불기 1년으로 한 것입니다. 어렵지는 않지요?

제가 다시 한번 정리하여 말씀드리겠습니다. 불기 2564년은 어떻게 해서 나왔느냐? 부처님께서는 기원전 544년에 열반에 드셨고, 열반하신 해가 '불기 1년'이 되므로 지금의 서기 2020년에 544를 더해서 2564이라는 숫자가 나왔습니다. 이는 부처님께서 진리로 다시 화(化)하신 것을 강조하여, 부처님께서 열반에 드신 해를 불기 원년으로 하였기 때문입니다.

이것은 우리에게 시사하는 바가 큽니다. 더러 '석가모니 부처님은 이미 돌아가셨는데, 무슨 복전(福田)이 되겠는가?' 라고 비아냥대며 말하는 다른 종교인들이 있습니다. 그런데 불교는 육신의 부처님보다는 진리의 부처님을 더 강조하고 중요하게 생각합니다. 진리의 부처님으로 돌아오신 것을 불기 1년으로 잡았다는 것은 우리가 화신불보다는 법신불을 더 중요하게 생각한다는 증거가 되는 것입니다. 따라서, 우리가 간절하게 기도를 하면 '돌아가신 석가모니 부처님, 화신불에 기도한다' 라

기보다 진리로 화(化) 하신, 진리로 우주 법계에 가득 계신 법신 부처님에게 기도하는 일이 되므로, 우리는 기도 성취를 볼 수 있는 것입니다.

우리가 열심히 기도 정진하고 명상하면 법신의 부처님과 계합할 수 있습니다. 그러면 소원은 성취되고, 깨달음을 추구하는 사람은 반드시 견성성불(見性成佛) 할 수 있습니다. 우리는 보이지 않는 법신의 부처님, 진리로 계신 부처님을 항상 철저하게 믿고 정진하는 그런 불자가 되어야겠습니다.

늘 건강하시고 내일 다시 뵙겠습니다.
관세음보살

無一우학
說法大典

86
절의 단청 이유

2020. 05. 24. 세계명상센터 보은전

 관세음보살. 유튜브불교대학 시청자 여러분, 반갑습니다. 오늘은 '절의 단청(丹靑) 이유'에 대해서 말씀드리겠습니다.

어떤 교사가 자기 반 아이에게 받은 질문이라고 합니다.

"선생님, 절 건물은 왜 그렇게 울긋불긋합니까? 우리 부모님도 절에는 다니지만, 저는 그 색깔이 너무 마음에 안 듭니다. 꼭 무당집 같습니다."

그때 그 선생님이 이렇게 얘기를 해 주었다고 합니다.

"그렇게 울긋불긋하게 칠해 놓은 것을 단청(丹靑)이라고 한단다. 그리고 그렇게 단청을 하는 곳은 위대한 성인(聖人)이신 부처님이 계신 곳이나 황제나 왕이 사는 궁전이란다. 우리나라의 경복궁도 남대문도 그렇지 않든? 네가 언젠가 가서 보았다고 하지 않았니?"

선생님이 이렇게 얘기해 주니, 그제야 아이도 고개를 끄덕끄덕하면서 "선생님, 잘 알겠습니다."라며 수긍했다고 했습니다.

오늘은 여기에 덧붙여서 단청을 하는 이유를 말씀드리겠습니다.

첫째, 절 건물에 단청을 하는 것은 위엄을 나타내기 위해서입니다.

옛날에는 임금의 명으로 일반 집에는 일절 단청을 하지 못했습니다. 심지어는 서원에도 단청을 한 곳은 없습니다. 단청을 한 곳은 위대한 성인이신 부처님 그리고 황제나 왕이 사는 그런 궁궐에만 했습니다. 즉, 단청은 위엄의 증표라고 생각하면 되겠습니다.

둘째, 절 건물에 단청을 하는 것은 이 세상의 화엄만다라를 나타내기 위해서입니다.

부처님의 안목으로 보면 이 세상은 화려하고 장엄스럽다고 했습니다. 화려하고 장엄스럽다, 즉 화엄(華嚴)입니다. 그래서 이 세계를 '화엄 만다라의 세계'라고 말합니다.

중생의 안목으로 보면, 이 세상은 고통의 바다입니다. 모순 투성이입니다. 그렇다 보니 우리가 마음공부를 안 할 수밖에 없기도 합니다. 하지만 그럴수록 더더욱 다

부지게 마음공부해야 합니다. 마음공부를 많이 해서 진리의 눈을 뜨면, 분명 이 세상은 화려하고 장엄스럽다고 했습니다. 단청은 그 색이며 문양이 참으로 화려하지요? 이는, '화엄의 세상'을 나타내는 것이라 그렇습니다. 우리가 진리의 눈을 뜨면 이 세상은 본래로 화려하고 장엄스러우니, 단청을 보면서 늘 그 화엄의 세계를 동경하라는 것입니다.

셋째, 단청은 세상의 질서가 잘 갖추어져 있다는 것을 상징합니다.

단청의 색깔은 청, 황, 적, 백, 흑이 기본입니다. 이는 오행(五行)에서 말하는 목, 토, 화, 금, 수에 배대되는 색입니다. 따라서 법당이나 절의 전각에 단청을 입힌 것은 '부처님 계신 곳은 오행의 질서가 잘 잡혀있는 곳이다'라는 뜻을 나타냅니다. 그러므로 가장 안전하고 가장 평온한 곳이 법당 또는 절 건물이라는 것을 이 단청이 나타내고 있는 것입니다.

넷째, 절 건물에 단청을 하는 이유는 부식 등을 방지하려는 대안으로써 단청을 하는 경우도 많이 있었다고 합니다.

　참고로 말씀드리면, 절 기둥은 대부분이 적갈색으로 되어 있습니다. 이 적갈색은 말 그대로 적색이 많이 드러나는 갈색인데, 이 적갈색에는 벽사(辟邪)의 의미가 있다고 합니다. 벽사, 즉 삿됨을 물리치기 위해서 절 기둥은 적갈색으로 많이 해 두었다 이 말입니다.

　아무튼, 이와 같은 이유로 절에서는 단청을 하게 된 것입니다.

　많은 외국인들이 우리나라에 오면 전통문화를 보려고 이곳저곳 다닙니다. 그들에게 "가장 감동받은 곳은 어디였습니까?"라고 물어보면 절이라고 답하는 외국인이 그렇게 많다고 합니다. 절 안에서도 특히 단청한 것을 보고는 어떤 외국인들은 입을 딱 벌리고 한참 보고 있다고 합니다. 단청이 그만큼 아름답다는 겁니다. 외국에는 이런 단청이 없어요. 그래서 우리나라의 절, 특히 절 건물의 단청이야말로 외국과 차별되는 가장 한국적인 것이라고 볼 수 있습니다. 불자의 입장에서 '절 건물은 가장 한국적이고, 절 건물의 단청 또한 가장 한국적이다'

라고 생각한다면 큰 자부심도 가질 수 있지 않겠나 싶습니다.

늘 우리 아이들에게 얘기해야 합니다.

"가장 한국적인 것이 가장 불교적이다."

달리 말하면, "가장 불교적인 것이 가장 한국적이다."라고 말입니다.

이렇게 절의 단청 하나를 가지고도 얼마든지 우리는 자부심을 가지고, 자신 있게 "나는 불자입니다."라는 소리를 할 수도 있습니다. 언제 어디서나 늘 자신감 있는, 자신만만한 그런 불자들이 되시기를 바랍니다.

건강하시고, 내일 다시 뵙겠습니다.
관세음보살

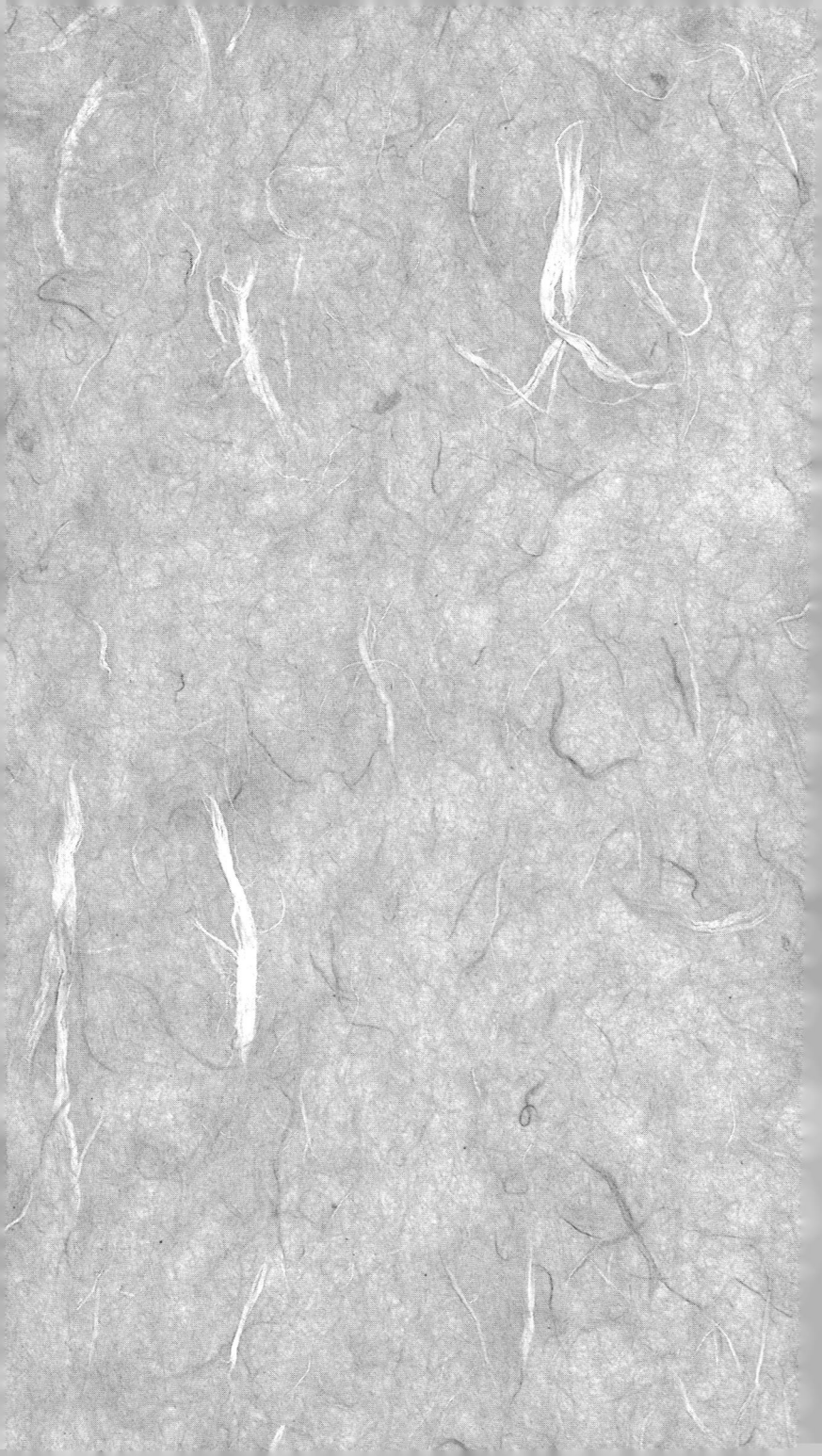

반야심경
無一 우학 스님 作

無一우학 설법대전(5)

초판발행 2022년 1월 20일(불기 2566년)

저자 無一 우학 큰스님
녹취 이원정(세지)

펴낸곳
도서출판 좋은인연(한국불교대학 부속)
편집 / 김현미
등록 / 제4-88호
주소 / 대구시 남구 중앙대로 126
전화 / 053.475.3707, 6

가격 10,000원
ISBN 979-11-92276-00-7 (04220)

■ 잘못된 도서는 구입하신 곳 또는 도서를 증정받은 곳에서 교환해 드립니다.
■ 법보시 받습니다. 보시하신 책은 군법당, 교도소 등에 무료 배포됩니다.

대한불교조계종 한국불교대학 大관음사
홈페이지 / **한국불교대학**
다음카페 / **불교인드라망**
유튜브 / **유튜브불교대학, 비유디**